DVS EDITORA
www.dvseditora.com.br

# POTENCIALIZANDO
## *sua*
# Criatividade

*Domênico Massareto*
*Humberto E. Massareto*

**Potencializando sua Criatividade**
**Copyright - DVS Editora 2004**

**Projeto Gráfico:** Domênico Massareto e Humberto E. Massareto
**Editoração:** Humberto E.Massareto
**Ilustração Capa:** Domênico Massareto
**Foto contracapa:** Adriana Guivo, manipulada eletronicamente por Domênico Massareto

**Dados Internacionais de Catalogação na Publicação (CIP)**
**(Câmara Brasileira do Livro, SP, Brasil)**

Massareto, Domênico
    Potencializando sua criatividade / Domênico Massareto, Humberto E. Massareto. -- São Paulo: DVS Editora, 2004

    Bibliografia:

    1. Criatividade 2.Propaganda 3. Publicidade
I.Massareto, Humberto E. II. Título

04-6881            CDD-659.101

**Índices para catálogo sistemático:**
1. Criatividade em propaganda  659.101

## Agradecimentos
# Domênico Massareto

Agradeço às seguintes pessoas pelo apoio e atenção:

Achilles Milan Neto
Alessandro "Guru" Cassulino
Caio Grafietti
Débora Tenca
Eric Sulzer
Flavia Figueiredo
Guilherme Jahara
José Luiz Mendieta Filho
Leandro Sanches
Marcelo Arbex
Marcelo Vaccari
Romolo Megda
Sérgio Scarpelli
Thiago Giglio
Tulio Paiva
Vanessa S. Santos

Quero agradecer especialmente meu grande amigo Guilherme Rangel, com quem tive a honra de trabalhar, discutir, e aprender muito sobre cinema, propaganda, humor e criatividade nos últimos três anos.
Sem a sua ajuda eu jamais conseguiria entregar esse livro no prazo. Valeu brother!
Finalmente, quero agradecer imensamente a pessoa que permitiu que eu participasse desse projeto, que fez o impossível para me educar da melhor maneira possível, a quem devo tudo que construí nesses 26 anos, o coautor desse livro: meu Pai.

## Agradecimentos
# Humberto Massareto

Ao longo de minha vida tenho convivido com pessoas criativas nos mais variados campos do conhecimento, que contribuíram valiosamente no sentido da construção de meu repertório e compreensão do processo criativo.

Em especial, quero agradecer à FAAP - Fundação Armando Alvares Penteado, pela oportunidade de viabilização desse projeto, e aos grandes amigos que, cada um ao seu modo, contribuíram com ideias, discussão, sugestões e incentivo para que esse livro fosse enfim editado:

Ana Paula dos Santos Silva
Aparecida Maria Delatin Massareto
Arthur Marega
Benedito Rodrigues Pontes
Carla Maria Massareto
Cesar Adames
David Jóia Pereira
Domênico Massareto
Elenice Rampazzo
Fábio Gandour
João Lúcio Neto
José Joanilson Béttio
Lícia Arena Moewalld-Egger
Luiz Alberto de Souza Aranha Machado
Márcio Tadeu Amadi
Marcos Alberto de Oliveira
Maurício Andrade de Paula
Ofélia Maria Guazzelli Charoux
Rubens Fernandes Jr.
Sonia Helena dos Santos
Victor Mirshawka
Victor Mirshawka Jr.

# 09 Introdução

09      **Domênico Massareto**
13      **Humberto Massareto**

# 19 Parte 1

**Criatividade e repertório**

21   **Capítulo 1**
     Antes de mais nada, você é criativo?

27   **Capítulo 2**
     O repertório

53   **Capítulo 3**
     Primeiras técnicas

67   **Capítulo 4**
     O minuto criativo

# 77 Parte 2

**A prática da criatividade**

79   **Capítulo 1**
     Informação e estímulo

85   **Capítulo 2**
     O ambiente de trabalho

91   **Capítulo 3**
     A propaganda criativa

99   **Capítulo 4**
     Primeiro desafio

101   **Capítulo 5**
     Analisando informações

109   **Capítulo 6**
     Técnicas criativas

# 139   Conclusão?

     Não, pausa

141   **Referências bibliográficas**

# Domênico

Antes de mais nada, obrigado por ter comprado o livro. Obrigado mesmo. É a primeira vez que estou escrevendo — ou melhor, coescrevendo — um livro e é realmente incrível pensar que alguém investiu algum dinheiro para saber o que tenho a dizer. Espero que, de alguma maneira, o conteúdo deste livro possa retribuir a você este investimento. Agora, se você foi uma das pessoas para as quais dei uma cópia do livro de graça, faça o favor de me dar algum presente legal em troca!

Antes de começar a falar especificamente sobre a criatividade, gostaria de esclarecer a sua importância.

Numa sociedade competitiva como a nossa, ser criativo (ou ser mais criativo que a concorrência) pode significar vender o seu produto primeiro, conseguir aquela única vaga de emprego ou até encontrar um marido. Usando a criatividade você pode fazer descobertas e perceber o mundo de maneira diferente, melhorando a qualidade do seu trabalho e até a forma com a qual lida com a sua vida pessoal.

Por essa razão, todas as pessoas podem (e devem) usar a criatividade: o engenheiro, para criar um novo tipo de estrutura mais resistente, o cientista, para encontrar a nova vacina para determinado mal, ou a garota que quer surpreender o namorado com um presente inesperado.

A ideia de escrever sobre criatividade começou junto com a minha carreira. Não que eu fosse supercriativo e tivesse várias coisas para ensinar, ao contrário, quando comecei a trabalhar como diretor de arte em publicidade, era comum eu travar, ter "bloqueios criativos". Entrava em pânico e tudo o que passava pela minha cabeça era:

"Pronto, agora meu chefe vai descobrir que eu sou uma farsa."

"Onde estava com a cabeça quando escolhi publicidade, não sirvo para isso."

"Queria ser pedreiro agora." (eu era muito ingênuo na época)

"Talvez eu pudesse criar avestruzes. Deve ser mais fácil de criar do que anúncios."

Por alguma razão — acredito que, muitas vezes, por sorte —, o trabalho sempre saía, mas a sensação que ficava era mais de alívio de ter me livrado do *job* do que orgulho de ter feito um bom trabalho.

Então, resolvi tentar entender o que é a criatividade e seu funcionamento. Depois de pesquisar, experimentar e conversar com profissionais de várias áreas, tanto brasileiros como estrangeiros, uma das coisas que aprendi foi que a criatividade é um processo. Precisamos de tempo, ferramentas, "matéria-prima", técnica e esforço — exatamente o mesmo que o pedreiro precisa para levantar uma casa.

Este processo é exatamente o trabalho do profissional da propaganda. Ele vai criar ideias que vão comunicar alguma coisa a alguém. Uma vez que você sabe qual o material, a ferramenta e a técnica a ser utilizada, criar passa a ser uma atividade divertida, gostosa e recompensadora.

Para encerrrar esta introdução, tenho duas notícias para você. Aliás, existe uma grande possibilidade de você ter imaginado que uma delas seja boa e a outra seja ruim. Vou explicar, mais adiante, porque isso ocorre e o que isso tem que ver com a criatividade.

A primeira notícia é que erguer uma casa é bem mais difícil do que parece. A segunda é que ter uma ideia criativa é muito mais fácil do que você imagina.

Domênico Massareto
novembro.2004

## Introdução
# Humberto

"Quando foi a última vez que você fez alguma coisa pela primeira vez?". Inicio minha introdução com essa frase, porque foi ela que me fez prestar a atenção na essência de um trabalho com o qual convivi por mais de 20 anos: a Propaganda. Formei-me em Comunicação Social, com especialização em Criação Publicitária, em 1981, pela ESPM - Escola Superior de Propaganda e Marketing.

"Failure is not an option"
Gene Kranz

No primeiro ano do curso, tinha certeza de que um dia seria um redator publicitário, e assim como tantos outros jovens estudantes meus contemporâneos, espelhava-me no trabalho de profissionais como Neil Ferreira, Roberto Duailibi ou Washington Olivetto.

Por outro lado, nessa fase de definição de nossas carreiras e de nossos futuros, não raro nos deparamos com profissionais que expressam opiniões sob o efeito da pressão de seus compromissos profissionais e pelo pouco tempo disponível, e acabam com carreiras ou a possibilidade delas, durante uma entrevista.

Relato, como exemplo, minha própria experiência. Em meio ao sonho de me tornar redator publicitário, fui entrevistado, em 1979, por um jovem empresário publicitário, hoje presidente de uma agência de comerciais de cerveja, que avaliou minha modesta pasta com seis trabalhos desenvolvidos na faculdade e alguns poemas. Ele me preveniu sobre a relativa indelicadeza, alertando que não me preocupasse, pois estava fazendo leitura dinâmica. Não vou discutir uma técnica que não conheço, essa de ler poemas dinamicamente, mas ainda hoje acredito que eu merecia um parecer sobre as peças publicitárias, uma orientação, um puxão de orelhas, qualquer coisa assim. O que ouvi foi: "Aguarde que eu ligo para você". Cada vez que meu telefone muda aviso a secretária dele, mas mesmo tendo o cuidado de manter a agenda atualizada desde 1979, ainda não recebi a tal ligação.

Se você está pensando que isso me incomoda, tenha toda certeza de que incomoda sim; não pelo fato de ele não ter ligado até hoje, pois isso não me impediu de seguir meu caminho exercendo a atividade criativa a que me propus por um viés não programado, mas imaginar que existe a chance desse tipo de profissional ainda andar solto por aí, destruindo carreiras antes mesmo que elas tenham começado, pelo simples fato de ter pressa. É claro que sei que esse profissional tem pouco ou nenhum tempo a perder com jovens que pretendem tornar-se publicitários, mas se não tem tempo, que não desperdice o de quem tem, assumindo compromissos que depois não pode cumprir.

Por outro lado, há muitas pessoas dispostas a ouvir, ver, ler e aprender com os jovens estudantes. O mercado é exigente e contempla quem tem talento e disposição, mas há de ser persistente.

Onde, então, a frase citada no início entra nesta história? Entra no momento em que fui lecionar na FAAP — Fundação Armando Alvares Penteado, em 1994. Apesar de haver lecionado na ESPM, logo após me formar, durante o ano de 1982, a convite do professor José Luiz de Paula Jr., uma referência em termos de criação e desenvolvimento de embalagens, foi na FAAP que me formei como professor. Logo de início, fui convidado a participar de um encontro anual promovido pela Fundação, denominado Projeto Reeducação. Nesse encontro ouvi aquela frase. Ouvi a frase e a maneira como a Criatividade vinha sendo incorporada aos cursos que eram oferecidos na graduação e na pós-graduação.

Ao longo dos últimos dez anos, acompanhei o desenvolvimento e a implantação desse projeto. No ano de 2003, pude aprofundar-me um pouco mais no assunto, participando do curso de extensão — Formação de Facilitadores em Criatividade — na própria FAAP. Pesquisas na literatura disponível, e na Internet, discussões com os demais colegas de turma, bem como com os professores, foram fundamentais para eu compreender o processo criativo de modo mais amplo. No entanto, sair da teoria à prática foi o mais importante para consolidar o processo. Em 2004 recebi o convite para lecionar a matéria Criatividade aos os alunos de Direito da FAAP. Foi um desafio especial e um dos três pilares que sustentam a ideia de escrever este livro.

O segundo pilar é o fato de conviver por quatro dias da semana com alunos do curso de Publicidade e Propaganda de diferentes semestres. Mesmo tendo a matéria Criatividade no currículo logo no início do curso, nem sempre os trabalhos que recebo refletem o potencial criativo dos alunos. Indagados, apresentam justificativas compreensíveis, mas não aceitáveis, desde "se a matéria é técnica, porque eu preciso ser criativo?" passando por "eu não sou criativo", até "eu não vou trabalhar em Criação, nem em agência de propaganda". Imagine se o Einstein pensasse assim antes de dedicar-se tão criativamente à formulação da Teoria Geral da Relatividade? O que faz a diferença? Como e quando aplicar a Criatividade? Essas são algumas das provocações apresentadas neste livro.

O terceiro pilar é a experiência prática em casa. Meu filho, coautor deste livro, é diretor de arte em agência de publicidade. Formou-se em Cinema pela FAAP e, desde o tempo da faculdade, dedica-se ao estudo do processo criativo, tentando entender como ele funciona e como pode ser potencializado a favor de soluções ideais na construção de peças publicitárias. O reconhecimento público de seu trabalho, seja por meio dos resultados para os clientes, seja por meio dos prêmios conquistados com essas peças, constitui um sinal de que o processo funciona. Tivemos muitas horas de conversa sobre o tema, durante nossas viagens de Jundiaí, onde moramos, até São Paulo, onde trabalhamos por cerca de seis anos. Nesse percurso discutíamos processos, peças, ideias, sugestões ou apenas nos divertíamos criando *slogans*, filmes, anúncios, *spots* ou *jingles*, entre outros, para clientes que nunca pediram e, talvez, nem mesmo quisessem essas peças, mas foi muito divertido. Não posso deixar de mencionar que contamos quase sempre com a bem-humorada colaboração da Carla, minha filha.

O processo criativo descrito neste livro não é dirigido exclusivamente a profissionais de criação publicitária, mas a quem queira potencializar a geração de ideias em qualquer campo. Parafraseando um amigo, o professor e engenheiro Maurício Andrade de Paula, se você já comprou o livro e chegou até aqui, aceite nosso convite: "Experimente, participe, divirta-se".

Humberto E. Massareto
novembro.2004

Parte 1
# Criatividade e repertório

## Capítulo 1

# Antes de mais nada, você é criativo?

Quem é criativo?

Quem precisa ser criativo?

Para o que serve criatividade?

Entre as várias maneiras de abordar este tema de modo impactante, a mais singular e direta que já vi foi uma dinâmica do professor Victor Mirshawka Jr., um dos maiores especialistas em criatividade do Brasil. É muito simples, no espaço a seguir faça uma lista com o nome das dez pessoas mais criativas de todos os tempos:

1. _____

2. _____

3. _____

4. _____

5. _____

6. _____

7. _____

8. _____

9. _____

10. _____

Agora vamos analisar a lista. Que critério você utilizou para avaliar a criatividade de cada um? Você pode descrever o processo pelo qual uma ou mais pessoas da lista executa algo de modo criativo? Por fim, seu nome está na lista? Se não está, por quê?

Vamos deixar claro o seguinte: todas as pessoas são criativas, mas nem todas praticam a criatividade. Criatividade é atitude, predisposição e requer prática e repertório. Todos esses quesitos dependem exclusivamente de você e de suas aspirações e projetos para a vida pessoal e profissional.

## Por que criatividade?

E por que não? Quantas vezes você já se achou pouco ou nada criativo? É muito mais comum do que você imagina as pessoas não se julgarem criativas. A maneira mais rápida de constatar essa afirmação é perguntar numa roda de amigos, numa sala de aula ou no meio de uma reunião quem dos presentes se acha criativo. Provavelmente você observará que a maioria deles não se acha criativo. As pessoas em geral têm receio de fazer esse julgamento positivo a respeito de si mesmas, subestimando a própria capacidade criativa.

No entanto, se você convidá-las para uma reflexão, vai constatar quantas pessoas já inventaram uma história divertida, um final para um filme, um apelido para um amigo, uma piada, um nome para um cachorro e muitas coisas mais. Vá além e descobrirá que muitos até já formularam soluções criativas para as empresas para as quais trabalham. Como se chama isso? Criatividade.

A Criatividade é um processo ou conjunto de processos composto de muitas variáveis que não são utilizadas necessariamente ao mesmo tempo. Experiência, repertório e conhecimento do problema a resolver ajudam a dosar quanto de cada variável você vai colocar na mistura.

No mercado de trabalho e na vida, você vai precisar negociar diariamente com a realidade, a qual se baseia no modelo de sociedade moderna e envolve a sobrecarga de informações que exigem de você uma desenvolvida capacidade de visualização, definição de prioridades e sentido de organização.

O conhecimento está fragmentado e caberá a você integrar e conectar os fragmentos, gerindo seu próprio conhecimento, por meio da reflexão constante.

Como vivemos cenários de incerteza, a gestão do conhecimento deve favorecer e facilitar a busca da informação necessária e desejada. Quando não dominar o assunto, busque rapidamente o maior número de informações possíveis; imagine a seguinte situação: você foi convidado para uma entrevista de emprego em uma companhia que não conhece; antecipe-se e levante os dados mais relevantes sobre essa empresa. Internet, jornais e revistas dispõem de muita informação para uma consulta mais rápida e abrangente. Dispor de informação de qualidade pode ser um diferencial competitivo a seu favor nessa hora.

Mudanças rápidas são sintomas de cenários de incerteza e contemplam positivamente os profissionais que se antecipam a elas. Pratique a proatividade; não espere o mercado ou a corporação cobrar de você uma posição. Antecipar-se é aprender com as mudanças. Planeje, adapte-se e já pense em possíveis soluções para os problemas. As mudanças rápidas apenas vão pegar de surpresa quem não estiver preparado para elas. Por mais inusitadas que sejam, pense sempre como você pode resolver o problema, mantendo o controle e antecipando-se. Atitudes como estas vão lhe proporcionar maior capacidade de análise e chance de estruturar-se ou reestruturar-se a tempo.

## Capítulo 2

# O repertório

Criatividade e repertório funcionam quase que interdependentemente. Talvez você se lembre ou já tenha ouvido falar de um seriado da década de 1980, hoje reprisado nos canais fechados, chamado McGyver[1]. Caso não se lembre ou nunca tenha assistido, pergunte a seus pais, pois certamente vão se lembrar. O protagonista se saía bem das situações mais complicadas, utilizando o que tivesse disponível, fosse um grampo da mocinha que estava com ele pendurada em um precipício com uma carga de dinamite para explodir em 17 segundos ou uma goma de mascar, já mascada, para derrubar um javali famélico fechado com ele em uma jaula. Ao final o espectador sempre lançava um: "Ah, não acredito!", mas todo mundo assistia. Era um padrão semanal divertido, baseado exclusivamente em um amplo e variado repertório, que até parecia o Manual do Escoteiro Mirim dos 3 sobrinhos do Pato Donald. Igual modelo de solução, esse no campo real, foi empregado no caso Apollo 13, que virou filme, da primeira missão fracassada do projeto Apollo. Os astronautas Jim Lovell, Fred Haise e Jack Swigert, inicialmente

[1] Pronuncia-se: Magaiver.

escalados para voar na Apollo 14, foram movidos para a missão 13. Em 1970, após a NASA já ter atingido seu objetivo de enviar o homem à Lua, era pequeno o interesse despertado por esse voo de rotina. De uma nave espacial a 205.000 milhas da Terra, tecnicamente comprometida, ouviu-se a famosa frase: "Houston, we have a problem". Os astronautas travaram uma batalha desesperada para sobreviver. Na Terra, no controle da missão, o astronauta Ken Mattingly, o diretor de voo Gene Kranz e uma equipe de engenheiros conseguem simular a situação de bordo e encontram uma solução para trazer a tripulação com vida de volta à Terra. O sucesso foi resultado de Criatividade, muito trabalho e especialmente de repertório dos envolvidos.

Formar ou enriquecer seu repertório deve ser uma atividade constante. É claro que eu nem precisaria mencionar isso, já que desconheço quem não sinta prazer nas atividades sugeridas para sua formação e enriquecimento. No entanto, quando em sala de aula apresento as sugestões, há sempre quem entenda como a leitura obrigatória de Machado de Assis. Aliás, tenho duas notícias para você. Ah, não! De novo você pensou que seria uma boa e uma ruim? São duas notícias boas; primeira: leia Machado de Assis, se pretender ser redator publicitário; segunda: leia Machado de Assis, se não pretender ser redator publicitário.

Além dessa leitura prazerosa, a seguir listo algumas sugestões de exercício constante para manter e enriquecer o repertório:

**1.** Especialize-se em uma área do conhecimento e aprofunde-se nos estudos e pesquisas desse campo.

**2.** Leia muito sobre tudo e terá um bom nível de informações gerais. Na escola, procure ir além das leituras sugeridas pelos professores em todas as disciplinas.

**3.** Desenvolva habilidades e técnicas de comunicação eficazes. A comunicação eficaz amplia seus canais de percepção, bem como o torna mais rapidamente aceito em sua rede de relacionamentos. Quanto maior o número de pessoas com quem você se relaciona, mais informações de qualidade recebe.

**4.** Exercite o cérebro. Atividades intelectuais como quebra-cabeças, palavras cruzadas, charadas, problemas com números, jogos de computador ou testes em geral constituem agradáveis maneiras de exercitar seu cérebro.

**5.** Ligue-se à tecnologia. Computadores, videogames, aparelhos de DVD, *handhelds* (computadores de mão) e até mesmo seu forno de microondas são dispositivos tecnológicos desenvolvidos para facilitar sua vida e potencializar o uso de seu tempo.

**6.** Discuta e reflita sobre questões éticas pertinentes a sua vida, de sua família ou de sua comunidade.

**7.** Dedique-se às questões ambientais, sem necessariamente ser um militante, se não for essa sua vocação. Lembre-se de que até a metade do século XXI não vai haver água com tanta fartura e por preços tão baixos como temos hoje.

**8.** Desenvolva seu repertório cultural. Assista aos filmes que estão em lançamento e dê uma "passadinha" na locadora para alugar alguns clássicos e conferir por que se tornaram clássicos.

Assista a vídeos e DVDs de shows, festivais, espetáculos de circo. Visite exposições e museus. Ir ao teatro para assistir a peças e óperas é outro bom estímulo à Criatividade. Veja fotografias antigas. Vá a shows de música ou de mágica. Ouça música; hoje a variedade de estilos e gêneros é enorme; ouça sem preconceito até para poder exprimir uma opinião desfavorável, se for o caso, e jamais emita uma opinião que não possa justificar, e, mais uma vez, não se esqueça dos clássicos. E já que você tem tantas emissoras disponíveis para ouvir enquanto se locomove entre dois pontos, de vez em quando escolha uma emissora do modelo "All News", como a CBN, para manter-se informado, ou uma que mescle música e notícias, como a Eldorado FM em São Paulo.

Por experiência própria posso dizer que essa estratégia já me livrou de situações de congestionamento muitas vezes, sabendo onde havia problemas de trânsito e como me livrar deles. No campo da leitura, você tem duas lições de casa: notícias e literatura. No campo das notícias, não deixe de ler, pelo menos, um jornal diário, uma revista semanal de atualidades (não essas de fofocas de novelas, não é?, quero dizer, essas também, mas não só) e uma revista quinzenal que trate de gestão de carreira ou de negócios pertinentes à sua especialização atual ou futura. Se achar difícil ler tudo o que foi sugerido, não desista. Segue uma dica: leia as manchetes da capa, o editorial e os títulos, o primeiro e último parágrafos das matérias — não vale para artigos. Ao menos você sabe o que está acontecendo. Usar a desculpa do preço não é mais um bom argumento. Concordo que custa caro manter-se atualizado, mas a biblioteca de sua faculdade tem disponíveis para leitura os jornais do dia e muitas revistas. No que diz respeito à literatura, duas notícias ("Olha você de novo"); a primeira: há muitos lançamentos todos os dias, o que demonstra uma rica variedade; a segunda: é impossível ler tudo. Conclusão: peça sugestões aos colegas, para selecionar o que deveria ou não ler. Depois de um tempo, aliás um tempo bem curto, você mesmo passa a ser referência, filtrando as melhores leituras.

Do ponto de vista da criatividade, há autores que produzem textos especialmente inspiradores. Vou cometer uma terrível injustiça ao deixar de mencionar muitos deles, mesmo assim, seguem algumas sugestões: Luiz Fernando Verissimo, tudo o que ele escreve é muito inspirador; caso ainda não tenha lido nada, comece por O Clube dos Anjos ou A Mãe do Freud; Machado de Assis é genial, e é difícil indicar apenas uma ou duas obras, mas vale a pena começar por Memórias Póstumas de Brás Cubas e Dom Casmurro; Guimarães Rosa com a indicação de Grande Sertão, Veredas ou Sagarana; dos latino-americanos, minhas sugestões são: Julio Cortazar, O Jogo da Amarelinha (se você pensava que não seria possível escrever um livro não-linear, leia este); Jorge Luiz Borges, O Aleph; e Gabriel Garcia Márquez, Do Amor e Outros Demônios.

Além desses autores, há muitos outros de textos riquíssimos, como Carlos Drummond de Andrade, Fernando Sabino, Umberto Eco, Edgar Allan Poe, Marcel Proust, Alexandre Dumas, Fiodor Dostoiewsky, Leon Tolstói, Dante, James Joyce, Eça de Queiroz, Victor Hugo, Baudelaire, Mallarmé, Aldous Huxley, Ernest Hemingway, Shakespeare, Thomas Mann, Franz Kafka. E, para não piorar a injustiça que estou cometendo, extraia mais sugestões em ABC da Literatura de Ezra Pound, autor  do mágico livro Cantos que merece leitura com especial atenção.

**9.** Desenvolva um sistema próprio de anotações de ideias. Eu costumava brincar com a Camila, minha ex-assistente, quando ela dizia que não tinha onde anotar um telefone ou informação: "morda o dedo e escreva com seu sangue na parede". Lembre-se de quantas ideias geniais não tomou nota e depois se esqueceu. Pior é que nem isso você lembra não é mesmo? Um caderno, uma agenda, um gravador portátil ou o que achar mais adequado, mas tome nota sempre. Seja qual for o sistema escolhido, leve sempre consigo, principalmente na hora de dormir, afinal temos muitas ideias durante a noite e nem sempre dispomos de meios para anotá-las. Lembre-se: seu cérebro não para de trabalhar, mesmo quando você está dormindo.

## Os sistemas

Na maioria das vezes, problemas do mundo real a serem solucionados estão relacionados aos sistemas nos quais se inserem. Um sistema pode ser definido como um conjunto de componentes interconectados e interdependentes para dar forma a uma unidade mais complexa; um arranjo que obedece a um esquema ou plano predefinido.

Para solucionar problemas é importante, se não imprescindível, conhecer o sistema da maneira mais completa possível. Já imaginou alguém trabalhando no desenvolvimento de um novo modelo de botijão de gás, sem nunca ter utilizado um fogão? Pois acredite, há muitas pessoas trabalhando assim no mercado. Pior, há pessoas que acreditam no trabalho de profissionais desse tipo e por isso é que se vê tantas soluções inadequadas a todo o momento. Há ainda fatores não controlados que entram nessa conta, entre eles, o bom senso. Seria como comprar giz para uma sala de aula, baseando-se exclusivamente no aspecto preço e não levando em conta qualidade, durabilidade, se produto antialérgico etc. E isso não é tão incomum quanto possa parecer.

Para ter uma ideia da complexidade que isso envolve, faça um esforço para imaginar soluções dentro de sistemas mais complexos como, por exemplo, acabar com o problema do desmatamento da Amazônia ou do congestionamento provocado pelo excesso de automóveis na cidade de São Paulo. Quantos componentes consegue listar numa visão apenas superficial do problema de São Paulo? Biodiversidade, interesses específicos, interesses escusos, necessidade de locomoção, trabalho, combustível, energia, lazer, vigilância, impostos, multas etc. Um mapa conceitual pode facilitar a visualização do problema de modo multidimensional.

## Mapas conceituais

Um mapa conceitual é um método de representação e visualização rápida de uma informação ou sistema. Há uma ampla variedade de modelos de mapas conceituais, mas a finalidade é a mesma em todos os casos: ligar dois ou mais pontos, que representam dimensões ou dados, a fim de proporcionar uma percepção imediata dos relacionamentos.

A função preliminar do cérebro é interpretar a informação que recebe para atribuir-lhe significado. É mais fácil para o cérebro atribuir significado quando a informação é representada em formatos visuais. Você já deve ter ouvido falar que uma imagem vale por mil palavras, não é mesmo?

Mapas conceituais podem facilitar a complexa tarefa de anotações durante reuniões, palestras e aulas, ordenando as informações de acordo com o sistema que você definir, assim como podem ajudar na ordenação das informações colhidas durante uma reunião de *brainstorming*[2].

## Obtendo Melhores Resultados na Hora de Montar Seus Mapas Conceituais

Os mapas conceituais são recursos visuais; portanto, não economize na diversidade para melhor organizar e arranjar a informação. Junte todo o material antes de iniciar o mapa, para não precisar parar o processo e buscar algo que esteja faltando, pois isso pode fazer com que você perca uma linha de raciocínio em desenvolvimento.

Separe algumas folhas de papel — de preferência em formato A3 (42,0 x 29,7 cm) e nunca inferior a A4 (21, 0 x 29,7 cm) — ou um caderno com as mesmas dimensões dedicado apenas ao desenho de seus mapas; lápis e canetas coloridos; régua e os materiais relevantes colhidos durante a pesquisa sobre o sistema que vai analisar e mapear, inclusive fotos, gráficos, figuras, diagramas, logotipos, notas, dados estatísticos, livros e artigos de jornais e revistas. Utilize a folha no sentido horizontal.

[2] Tempestade de ideias: Técnica para geração de ideias.

Entre os formatos de mapa conceitual a seguir, selecione um que seja mais apropriado para organizar a informação com a qual você vai trabalhar. Por exemplo, se quiser descrever uma estrutura organizacional, um mapa da hierarquia é o mais adequado.

## Tipos de mapas conceituais

Há quatro categorias principais de mapas conceituais. Estes são distinguidos por seu formato diferente para representar a informação.

**1. Aranha:** organizado colocando-se o tema no centro do mapa. A partir desse centro irradiam-se os temas secundários.

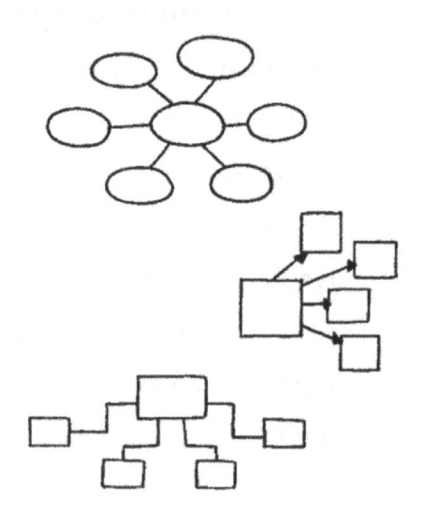

**2. Hierarquia:** apresenta a informação em ordem descendente de importância. A informação mais importante é colocada no alto e a partir dela vão sendo ordenadas as demais.

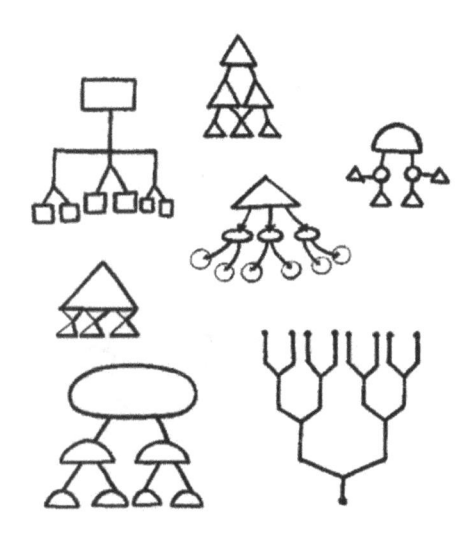

**3. Fluxograma:** organiza a informação em um formato linear.

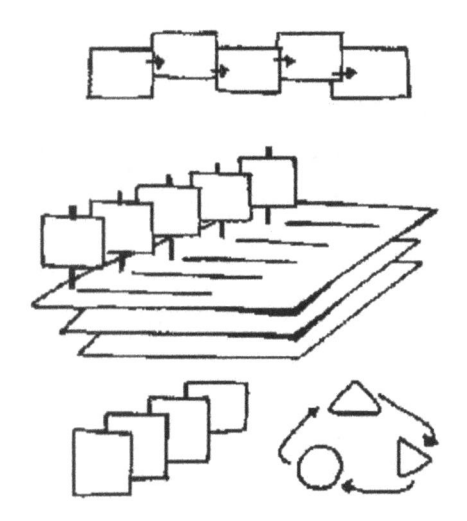

**4. Sistemas:** organizam a informação em um formato que seja similar a um fluxograma com a adição de entradas (*inputs*) e de saídas (*outputs*) de dados.

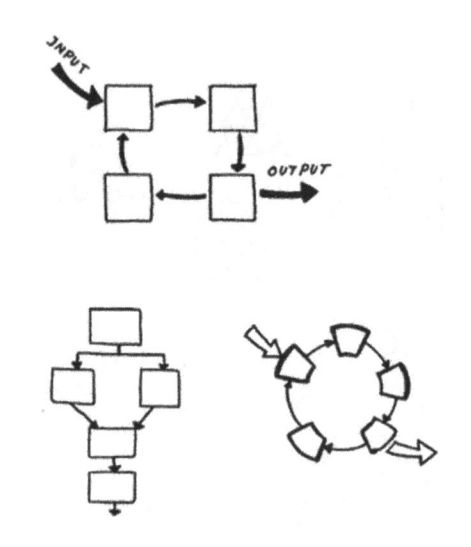

Há ainda os formatos especiais, entre os quais:

**a. Paisagem:** descreve um cenário.

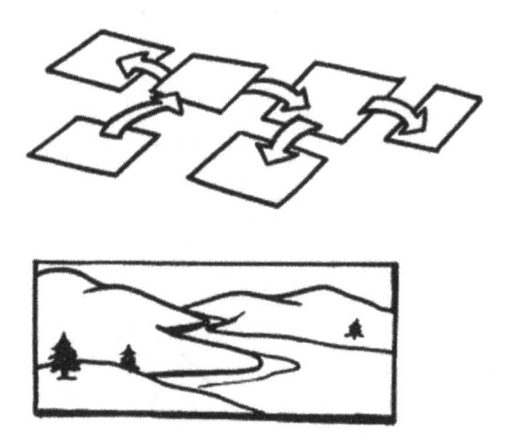

**b. Multidimensional 3-D:** descreve o fluxo ou o estado da informação ou dos recursos que são demasiado complicados para um mapa bidimensional simples.

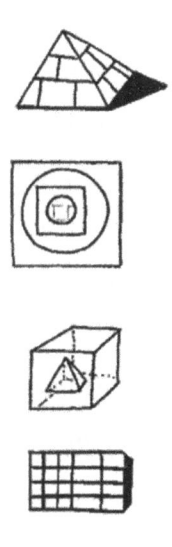

**c. Mandala:** apresentado dentro de um formato de formas geométricas fechadas, criando o efeito holofote, a fim de dirigir a atenção de quem visualizá-lo.

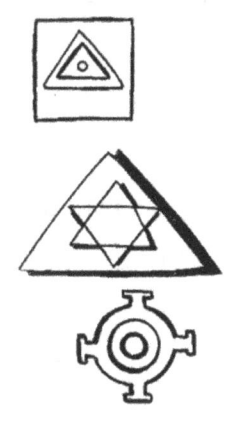

**Exercício**

Faça um mapa conceitual no formato aranha para o problema "aumentar o número de postos de trabalho no Estado de São Paulo".

O desenho de mapas conceituais tem um desenvolvimento muito parecido com o da escrita, isto é, melhora com a prática e com o tempo; por isso, revise e refine seus mapas, afinal passam a ser ferramentas de trabalho. Avalie se estão claros, lógicos e atraentes. Pratique anotando as informações de uma reunião ou palestra e depois mostre a um amigo que também estava presente, para conferir como o mapa é, ou poderia ser, uma excelente maneira de organizar e recuperar a informação de modo prático e compacto.

**Sugestões para a produção de mapas:**

**1.** Utilize materiais visuais, como fotos e gráficos.

**2.** Desenvolva uma linguagem visual que você possa sempre recuperar.

**3.** Explore os diversos formatos para estrutura gráfica.

**4.** Viaje durante a montagem de seu mapa; permita que seu cérebro produza associações livres de ideias, termos e informações.

**5.** Utilize cores e elementos de *design* para organizar seu mapa, tais como setas, retas e figuras geométricas.

**6.** Monte seu próprio repositório de mapas conceituais.

### Exercício

Seu desafio é desenvolver um anúncio classificado com 3 linhas de 70 toques, incluindo os espaços, para vender sua bicicleta usada. Redija o anúncio. Agora construa um mapa conceitual com o maior número de variáveis que puder elencar, como, por exemplo, o prazer de andar de bicicleta, a possibilidade de sair com os amigos para uma pedalada, a vida saudável, o benefício de perder algumas calorias e assim por diante. Reescreva o anúncio depois de terminar o mapa e compare com o anterior. Uma técnica de representação visual em forma de mapa foi desenvolvida por Tony Buzan e recebeu o nome de *Mind Map* e é largamente utilizado como ferramenta de apoio nos processos criativos.

Agora, vá além: trabalhe em equipe para construir um mapa ainda mais complexo que o do exemplo anterior. Inicialmente cada um faz o seu mapa e em seguida reúnem-se as informações em um único mapa. Note como esse mapa ficou ainda mais completo e complexo em termos de quantidade e de qualidade das informações para alimentar o processo de resolução do problema.

A rápida visualização de um sistema, quando organizado na forma de um mapa conceitual ou *Mind Map*, pode potencializar a compreensão de um problema e sua conseqüente solução. A mente humana é bastante sofisticada, mas, muitas vezes, subestimamos ou subutilizamos essa sofisticação. Estudos sobre cérebro humano e comportamento determinaram maneiras diferentes de pensar e de agir, baseadas no uso dos hemisférios cerebrais esquerdo e direito. Para ter uma ideia, basta ver como procedem diferentemente um artista e um cientista.

Padrões de comportamento neurolinguísticos também determinam diferentes maneiras de interagir com os sistemas, dos mais simples aos mais complexos, e de trabalhar no sentido da solução de problemas. Lógica e rigidez contrapõem-se à intuição e à flexibilidade e nenhum dos dois modelos pode ser considerado como o correto, apenas constituem dois modos do cérebro operar.

Ao utilizar o *brainstorming* como ferramenta em um processo criativo, a heterogeneidade do grupo é mais importante que a homogeneidade, pois há uma forte tendência a se acomodar em uma ideia comum. O perfil flexível pode gerar mais ideias, enquanto o perfil crítico pode avaliar as possibilidades de aplicação destas.

Num grupo é muito importante reconhecer os diferentes perfis, para aproveitar o melhor de cada um. De nada adiantam soluções inovadoras que não possam ser realizadas, como também são pouco eficientes soluções medíocres adotadas apenas para que possam atender um prazo pré-estabelecido, mas que resultam em peças na mesma dimensão da mediocridade com que foram elaboradas.

Uma adaptação da teoria da solução de problemas de John Dewey e Peter Checkland é o Método de 3 Etapas de Sistemas Pensantes, a seguir:

## 1. Identificação do problema

Um dia, na faculdade, o professor de Redação Publicitária nos solicitou a criação de um anúncio para o TR 800 da Gurgel. Quarenta e duas diferentes propostas foram apresentadas e todas elas resolviam problemas que não haviam sido apontados, como andar em qualquer terreno, ter o teto removível, mecânica VW e outros; houve até quem fizesse um anúncio institucional para o aniversário de Rio Claro. O professor então deixou muito claro que somente podemos resolver um problema se ele de fato existir e se for identificado. Sua proposta não apresentava nenhum problema, apenas um dado isolado e solto: criem um anúncio.

Repare nos anúncios veiculados nos mais diferentes meios e tente imaginar qual foi o problema que a peça se propôs resolver. Analise e avalie se ela obteve sucesso e imagine qual seria a sua solução para o mesmo problema. Você já fez isso várias vezes durante sua vida, basta lembrar quantas vezes já reescreveu em pensamento ou comentando com outra pessoa o final de uma novela; quantas vezes já disse que aquele gol você faria, chutando de esquerda ou marcaria a última cesta da final do campeonato mundial arremessando da linha de três pontos. Em seguida o reduza a um mapa conceitual. Levante todas as dimensões e possibilidades, avalie o sistema e procure imaginar-se dentro dele para um diagnóstico mais completo.

O processo criativo é um processo para a solução de um problema. Para melhor compreender a situação, entenda o problema por completo, identificando:

**a.** Qual é o problema?

**b.** Por que o problema ocorreu?

**c.** Como foi identificado?

**d.** Quem tem tentado resolver o problema e o que já foi feito para sua resolução?

**e.** Quem está envolvido na solução deste problema?

**f.** Onde se pode obter informações sobre o problema?

**g.** Se não foi resolvido, o que pode acarretar no curto, médio e longo prazos?

**h.** Quão complexo é o problema?

**i.** Qual é a abrangência do problema?

**j.** Quais são os sistemas e subsistemas que envolvem o problema?

**l.** O que pode ser modificado nos sistemas e subsistemas envolvidos?

**m.** O que deve ser aceito?

**n.** Como pode ser resolvido eficientemente?

## 2. Geração de ideias

Promova uma seção de *brainstorming* para levantar a maior quantidade de soluções para o problema.

## 3. Soluções

Faça uma verificação da realidade. Avalie soluções alternativas que permitam viabilidade e implantação.

## O pensamento crítico

Além de potencializar o uso do cérebro, o pensamento crítico é fundamental no momento de qualquer decisão, pois tem por base suas crenças, e por meio dele você defende os pontos nos quais você acredita, assim como permite avaliar criticamente as crenças e os pontos de vista de outras pessoas. O pensamento crítico pode ser considerado como a maneira mais adequada para externar suas opiniões e por essa razão as empresas valorizam o candidato a uma vaga ou o colaborador que demonstre essa capacidade no momento de uma promoção.

Os melhores procedimentos para exercer o pensamento crítico são:

**1.** Ser o mais claro possível.

**2.** Manter o foco na questão em pauta.

**3.** Analisar o problema da forma mais ampla possível.

**4.** Considerar o maior número de alternativas e variáveis.

**5.** Manter-se bem informado.

**6.** Procurar ser o mais preciso possível.

**7.** Ficar atento a polarizações e suposições.

**8.** Aceitar outras opiniões e outros pontos de vista.

**9.** Não emitir opinião ou julgamento que não possa justificar.

**10.** Tomar posição quando tiver suficiente base para isso.

## A escrita crítica

Você consegue ser convincente quando escreve uma carta a um cliente, a um amigo ou a um parente? Escrever criticamente significa manifestar sua opinião e seu ponto de vista de maneira clara, por meio de um raciocínio que conduza a uma conclusão lógica. A linguagem utilizada deve ser compreensível por quem vai ler seu texto e o foco deve ser mantido do início ao fim, com razão e concisão. É importante manter-se bem informado, apoiando-se em fontes seguras e identificadas.

Eu sei que não preciso dizer isso novamente, mas vou insistir: escrever bem é resultado de repertório de leitura. Faça uma rigorosa seleção qualitativa de suas leituras e leia muito.

## Prepare-se para trabalhar em equipe

Lembre-se de que é este o modelo que as organizações adotam hoje em dia. Trabalhar em equipe exige bastante disciplina e respeito, além da natural responsabilidade assumida juntamente com o grupo. Não se pode ficar como aquele time de futebol em que o técnico pensa assim: "Eu venci. Nós empatamos. Vocês perderam". Se você estiver em um time com um técnico desses, pense rápida e criativamente quais opções de solução listaria.

Edward e Monika Lumsdaine, em seu livro Creative Problem Solving, listaram as seguintes responsabilidades dos integrantes de uma equipe envolvidos em um projeto:

## Em relação aos membros da equipe:

1. Participe ativa e integralmente.
2. Contribua com o melhor de si.
3. Demonstre ser um bom ouvinte.
4. Comunique-se bem com os demais integrantes.
5. Ajude a solucionar possíveis conflitos.
6. Mostre e promova atitude colaborativa.
7. Demonstre capacidade de liderança.
8. Apresente-se aberto, tolerante e flexível.
9. Demonstre segurança.

## Durante o processo, você deve:

**1.** Provocar novas ideias, procedimentos e métodos.

**2.** Checar pontos fortes e discutir com os demais.

**3.** Levantar fatos, dados e informações.

**4.** Emitir opiniões.

**5.** Diagnosticar problemas.

**6.** Coordenar estratégias de solução do problema.

**7.** Avaliar a *performance* da equipe.

**8.** Motivar os integrantes da equipe e dirigir seus esforços no sentido da solução.

**9.** Prover a equipe dos recursos materiais necessários para o desempenho da tarefa.

**10.** Corrigir possíveis conflitos durante as discussões.

**11.** Reconciliar diferenças.

**12.** Consolidar o processo, refletindo sobre as estratégias da equipe e implementando-as.

## Ao apresentar suas ideias para a equipe:

**1.** Defina claramente ou mapeie sua apresentação.

**2.** Liste pontos-chave.

**3.** Reúna as informações principais, sempre que possível, em gráficos.

**4.** Utilize um *software* de apresentação como o Microsoft PowerPoint®.

**5.** Antecipe possíveis questões e objeções e prepare-se para respondê-las.

**6.** Seja claro e objetivo.

**7.** Informe.

**8.** Convença.

## A boa comunicação

**1.** Mantenha sua posição de maneira clara no texto.

**2.** Faça transições suaves no texto.

**3.** Varie o tamanho de suas frases, alternando o ritmo do texto.

**4.** Evite prolixidade quando não for preciso o seu uso, evite clichês, evite o uso desnecessário de adjetivos ou de "etc.", evite abusar do uso do pronome "que"

**5.** Conclua claramente seu texto, de modo comprometido com toda a elaboração.

**6.** Lembre-se de que a boa comunicação precisa ser: clara, sonora, dinâmica, inspiradora, informativa, interessante, atrativa e agradável.

## Capítulo 3
# Primeiras técnicas

Criatividade é um processo e como tal pode ser potencializado com o uso de técnicas e ferramentas. Compreender este processo é, talvez, a primeira técnica que você deve e pode controlar para gerir o seu próprio processo criativo. Marco Antônio Struve, da Consultoria Perspectiva, descreveu o processo de modo bastante objetivo, compilado a seguir.

### O processo criativo passo a passo
**1.** Conscientização: conhecimento do problema ou desafio: Nesta fase se conhece a natureza do problema ou desafio, o prazo que se tem para resolvê-lo, os recursos disponíveis e TUDO o que existe de informação a respeito dele.

**2.** Mastigação, preparação, cruzamento de ideias: Aqui, o postulante diante de uma grande ideia deve mastigar TUDO, preparando o material e as informações que obteve, cruzando possibilidades, relacionando e anotando hipóteses.

**3.** Incubação, abandono, calma de superfície: Nesta etapa, "a coisa" ganha dimensão gasosa, o agente praticamente esquece o problema e muitas vezes o abandona. É aquela cena de filme exatamente anterior à ação: "Este mar está calmo demais para o meu gosto...".

**4.** Iluminação, inspiração, explosão, *insight*, a ideia surgindo do nada. Do nada, vírgula! Para chegar até aqui, já "se ralou" muito. Mas é assim que se entende o processo. Então, num estalo, nasce a ideia certa, muitas vezes, por mero acaso.

**5.** Exposição, verificação, contato, a ideia colocada em prática: Para completar o ciclo, é preciso que a grande ideia atinja seu objetivo , qual seja, ganhar o mundo da realidade e poder, finalmente, ser observada e comprovada.

## Condições favoráveis

Você pode provocar seu processo criativo criando condições favoráveis, especialmente relacionadas aos seus sentidos e à percepção, entre elas:

**1.** Quebre a rotina: Essa é a regra de ouro, que deve ser aplicada sobre qualquer outra. Como começar? Almoce em restaurantes onde nunca foi. Ou leia um livro pelo qual não tenha nenhum interesse, mas que tenha muitas informações novas. Em outras palavras, determine as condições especiais para sua criatividade aflorar, mas lembre-se de estas condições com alguma frequência, ou elas também acabam se transformando em rotina.

**2.** Gestão do relógio biológico: Como funciona seu relógio biológico? Em quais das 24 horas do dia sua criatividade está mais acelerada? Pois bem, pratique o óbvio: concentre nesses horários os trabalhos que exigem criatividade. E lembre-se: autoconhecimento é fundamental.

**3.** Aromas: incenso ou vela aromática? Desodorante ou feijão queimado? Quais são os odores que mais inspiram você? Respire fundo antes de mergulhar em seu oceano olfato-criativo.

**4.** Sons: já provaram que vacas dão mais leite quando ouvem música erudita, que samambaias crescem verdes e bonitas sob harmonias suaves e que dá para cozinhar um ovo no palco de um show de *heavy metal*. E sua cabeça? Funciona como? Precisa de Mozart para dar leite? Ou só rende depois de cozida? Descubra sua trilha sonora e aperte a tecla *play*.

**5.** Telefone: para quase todas as pessoas, interferências externas atrapalham. No entanto, há quem transforme a pausa para um "alô" em algo útil na hora de descobrir a pólvora.

**6.** Companhia: com uma pessoa desmotivada por perto, vai ser difícil ter sossego o bastante para inventar a roda. Nessas horas, portanto, reúna-se com quem está de bem com a vida.

**7.** Comida: Nossos antepassados passaram a criar animais no quintal para não ter de sair a todo o momento para caçar. Você pode fazer o mesmo com um pratinho de delícias ao alcance da mão.

**8.** Evite bebidas e drogas: muitos gênios, como Van Gogh, Aldous Huxley e Jimi Hendrix, faziam coisas admiráveis sob estados alterados de consciência. Entretanto, além de interferir na capacidade de discernimento (você acaba achando boa uma ideia medíocre ou vice-versa), as drogas não só podem causar dependência física como também podem ser letais. Em ambos os casos sua produção cai consideravelmente.

**9.** Não julgue: parece bíblico, não é? No entanto, é para seguir ao pé da letra mesmo, como se fosse um dos mandamentos. A censura, ou a autocensura, é uma das mais temíveis pragas do ambiente de trabalho, pois mata as grandes ideias já na origem, não permitindo que elas cresçam e mostrem a que vieram. Mesmo assim, há um momento do processo em que é preciso avaliar a qualidade das ideias que surgem, separando o que é pertinente do que não é.

**10.** Brinque de "E SE": lidar com possibilidades, até mesmo as mais absurdas, é uma isca tentadora para boas ideias. Quer preparar um relatório que chame a atenção? Pergunte-se: "E se fosse escrito com letras amarelas sobre fundo vermelho?"; "E se fosse a última coisa que fizesse na vida?".

**11.** Volte a ser criança: coloque-se no lugar de uma criança ou, melhor, encontre a que existe em você. Encare o trabalho ou o problema (ou o trabalho-problema) perguntando-se que tipo de solução uma criança teria. Se achar melhor, defina essa criança: menino ou menina? A idade, a atitude, o jeito de falar... Então, veja o mundo através dos olhos dela.

**12.** Passe por ridículo: seja irracional e livre. Pense em quantidade de ideias muito mais do que em qualidade e, num instante, a qualidade aparecerá. Inverta o processo e é quase certo que as coisas não funcionarão. Brinque de cantar utilizando a técnica do "embromation", isto é, se não conhece a letra da música, ou se é em outro idioma que você não domine, invente as palavras e frases.

**13.** Aventure-se: não tenha medo de errar e especialmente, não tenha medo de acertar. Faça tudo o que a vida inteira disseram para não fazer: mergulhe de cabeça, enfie a cara, ponha os pés pelas mãos e o carro na frente dos bois, troque as bolas, misture alhos com bugalhos, ou, como insiste o Dr. Fábio Gandour, Gerente de Inovação da IBM, viaje na maionese.

**14.** Determine um prazo: administrar o tempo é um dos desafios de nosso tempo. O prazo, que normalmente é visto como o vilão da história, pode tornar-se um aliado, desde que realmente deseje isso. Estabeleça seu ritmo e, a partir daí, o tempo ideal para suas grandes sacadas. O prazo é um bom amigo da liberdade total.

**15.** Ataque: se a bola está de jeito, não hesite: chute. Nem que seja de bico. Nem que acerte a barreira ou bata na trave.

## Técnicas para aplicar imediatamente no trabalho

**1.** *Brainstorming*: um grupo de pessoas que expõe ideias sobre determinado assunto ou problema, sem censura, com alguém que estimula a todos e anota as ideias, pérolas e inclusive as "abobrinhas", aliás, especialmente as "abobrinhas". Em seguida, cada ideia é analisada profundamente; descarta-se as inviáveis ou inadequadas para aquele problema e aprofunda-se as que restaram.

**2.** Reunião no parque, ou na padaria: basta sair do ambiente de trabalho para sentir a diferença, tanto na relação com os colegas quanto na liberdade criativa. E se não houver um parque próximo ao seu trabalho? Nesse caso, marque a reunião numa praça ou mesmo no balcão da padaria: o que importa é sair da rotina.

**3.** Dia da roupa chique: não ficou bem melhor depois que inventaram a informalidade da sexta-feira? Falta criar agora o dia da formalidade total — todos vestidos como se fossem a um casamento. Ou, quem sabe, o dia do caubói, como acontece na Comet, uma empresa de informática de Cotia, em São Paulo. Ou o dia do pequeno detalhe, o dia do chapéu, o dia do ridículo.

**4.** Consultoria: a ajuda de um consultor especializado pode acelerar a insurgência criativa no local de trabalho. Além da identificação dos pontos fortes e fracos da empresa em termos de criatividade, quando o profissional é competente, estimula a equipe produzindo mudanças duradouras. No entanto, Peter Senge sugere a escolha criteriosa do consultor, e não a escolha do consultor que admiramos, pois o brilho dessa admiração pode ofuscar nossa capacidade de avaliar as recomendações.

## Para ser mais criativo

**1.** Jamais se contente com a primeira ideia. Pratique a fluência de ideias. Compare. Selecione a melhor somente depois de muita análise

**2.** Todos estamos sujeitos aos meus estímulos e impressões, por isso, não se acomode deixando para mais tarde a execução de uma tarefa. Há mais gente pensando na resolução desse problema.

**3.** Foco. Foco sempre. Reflita com atenção no problema que se propôs resolver. Esse exercício potencializa a geração de ideias.

**4.** Não acredite em inspiração. Acredite em repertório e trabalho com foco. Gerar ideias é um processo complexo. Encontrar a solução é gratificante.

**5.** Implemente suas ideias. Se elas fazem sentido, acredite nelas.

**6.** Troque ideias e impressões com seus pares. Consulte pessoas com ideias diferntes das suas. Pontos de vista diferentes e maneiras de encarar o problema de modo diferente do seu ampliam suas possibilidades de solucionar um problema.

**7.** Relaxe e procure atividades distintas para provocar o cérebro. Como sugere o professor Victor Mirshawka, "se você faz as mesmas coisas todos os dias da mesma maneira, não espere resultados novos."

### Para ser ainda mais criativo

O professor Whitt N. Schutz, da Universidade de Buffalo, conhecida por seus cursos de criatividade, faz as seguintes recomendações para quem quer ser sempre mais criativo:

**1.** SAIBA que há um tesouro em sua cabeça — uma mina de ouro entre suas orelhas. Construir um computador com as mesmas características do seu cérebro custaria mais do que 3 quintilhões de dólares. Sabe como se escreve isso? Assim: um 3 e dezoito zeros — US$ 3.000.000.000.000.000.000.

**2.** ESCREVA todo dia, pelo menos, uma ideia sobre estes assuntos:

**a.** como posso fazer meu trabalho melhor;

**b.** como posso ajudar outras pessoas;

**c.** como posso ajudar a minha empresa;

**d.** como posso ajudar o meu país.

**3.** DEFINA, por escrito, seus objetivos específicos de vida; carregue esta relação no bolso, sempre.

**4.** ANOTE. Não saia sem papel e lápis ou caneta. Anote tudo, não confie na memória.

**5.** ARMAZENE IDEIAS. Coloque em cada envelope de papel ou diretório de seu computador um assunto. Ideias para a casa, para aumentar a sua eficiência no trabalho, para ganhar mais dinheiro. E vá aumentando esse banco de dados através de leitura, viagens, relacionamento com novas pessoas, filmes, competições esportivas etc.

**6.** OBSERVE tudo cuidadosamente. Observe e absorva. Aproveite o que você observa. E principalmente, observe tudo como se fosse a última vez que fosse ver.

**7.** DESENVOLVA uma forte curiosidade sobre pessoas, coisas, lugares. Ao falar com outra pessoa, faça com que ela se sinta importante.

**8.** APRENDA a escutar e a ouvir, tanto com os olhos quanto com os ouvidos. Perceba o que não foi dito.

**9.** DESCUBRA novas fontes de ideias. Através de novas amizades, de novos livros, de assuntos diversos, e até de artigos tal como este que está lendo.

**10.** COMPREENDA primeiro. Depois julgue.

**11.** MANTENHA o sinal verde de sua mente sempre ligado, sempre aberto.

**12.** PROCURE ter uma atitude positiva e otimista. Isso o ajuda a realizar seus objetivos.

**13.** ESCOLHA um período do dia e um lugar para pensar alguns minutos, todos os dias.

**14.** ATAQUE seus problemas de maneira ordenada. Descubra primeiro qual é realmente o problema; do contrário, não vai achar a solução. Faça seu subconsciente trabalhar. Ele pode e precisa.

**15.** CONSTRUA grandes ideias a partir de pequenas ideias. Faça associação entre elas. Combine. Adapte. Modifique. Aumente. Diminua. Substitua. Reorganize-as. Quando finalmente concluir que chegou ao final do processo, reverta, inverta, subverta estas ideias e olhe tudo novamente sob um novo ponto de vista.

**16.** EVITE coisas que enfraqueçam o cérebro: barulho, fadiga, negativismo, dietas desequilibradas, excessos em geral.

**17.** CRIE grandes metas. Grandes objetivos.

**18.** APRENDA a fazer perguntas que desenvolvam o seu cérebro: Quem? Quando? Onde? O quê? Por quê? Qual? Como?

**19.** LEMBRE-SE de que uma ideia razoável colocada em ação é muito melhor do que uma grande ideia arquivada.

**20.** UTILIZE seu tempo ocioso com sabedoria. Lembre-se de que a maior parte das grandes ideias — os grandes livros, as grandes composições musicais, as grandes invenções — foi criada durante o tempo ocioso dos seus criadores.

## Vencendo bloqueios

O processo criativo se aprimora proporcionalmente à prática da criatividade. Como um músculo de nosso corpo, se não exercitamos regularmente ele desperdiça ou subutiliza seu potencial. Um dos fatores que podem inibir o melhor funcionamento do cérebro, quando este executa ou procura executar tarefas criativas, é o bloqueio causado pela resistência ou não-aceitação de que se é criativo. Normalmente esse bloqueio resulta em adiar tarefas e, conseqüentemente, em sobrecarga e estresse. Essa resistência pode ser superada de maneira simples, seguindo alguns passos simples:

### 1. Tente descobrir a causa da resistência

Você mesmo pode identificar a causa ou causas. Identifique e dê nome, isto é, anote em uma folha e escreva: " Estou adiando a tarefa

_____ (nome da tarefa) porque:

_____ (detalhe o motivo do

adiamento da execução da tarefa)".

Faça o seguinte exercício para auxiliá-lo na

identificação: feche os olhos por um instante.

Respire fundo. Relaxe. Imagine-se executando a

tarefa facilmente e aproveitando positivamente

este momento. Perceba a satisfação que lhe

causou tê-la finalizado. Abra os olhos e na mesma

folha de papel escreva: "Estou adiando a tarefa

porque _____".

## 2. Predisponha-se a combater essa resistência e aja

Qualquer que seja a razão de sua resistência,

sempre haverá alguma ação para que você possa

combatê-la. A ação é puramente simbólica,

mas sinaliza ao seu subconsciente que você quer

vencer essa resistência.

Por exemplo, você pode estar adiando uma tarefa

apenas porque o tempo necessário para sua

execução é muito longo. Pode parecer ilógico e

em muitos momentos é mesmo; raramente se

adia alguma coisa por um motivo lógico. De novo,

naquela folha de papel escreva: "Eu agora começo

a executar a tarefa _____".

### 3. O tempo como aliado

Imponha limites de tempo curtos, porém possíveis, para executar as tarefas que está adiando. Comece a trabalhar na tarefa imediatamente. Fixe um prazo e cumpra-o. Se acreditar que é possível, imponha um tempo bem curto para trabalhar na tarefa, mesmo que não seja para terminá-la. Trabalhe o tempo determinado e, quando vencer, pare e volte a trabalhar nela no horário programado para o dia seguinte.

### 4. Comece já

Capítulo 4

# O minuto criativo

## 1. Exiba seu trabalho criativo

A melhor maneira de avaliar a qualidade de um trabalho é por meio da observação às reações que ele pode provocar quando exibido. Exiba seu trabalho e ouça as opiniões das pessoas. Não importa o nível de dificuldade que o trabalho tenha requerido, desde uma simples apresentação em PowerPoint® até o desenvolvimento de um elaborado projeto. É possível que, em alguns momentos, você até ouça uma opinião desestimuladora, mas, na maioria das vezes, toda contribuição a um trabalho é enriquecedora e construtiva.

## 2. Acredite em seu potencial criativo

É muito importante ter em mente que você pode executar qualquer tarefa criativa a que se proponha ou que esperam de você. Para isso, é necessário dominar profundamente o uso de suas ferramentas: seu cérebro, seu ambiente de trabalho e seus recursos disponíveis.

## 3. Trabalhe com foco

Concentração, disciplina e determinação para a execução das tarefas são características do perfil criativo. Desconheço outra maneira de obter sucesso nesse campo que não seja o trabalho com foco. Aquela história do cientista louco movido pelo acaso ou intuição ou da publicitária charmosa que viaja duas vezes por ano com um jovem musculoso a Paris faz parte do imaginário criado pelo cinema e pelas novelas.

No dia a dia, coloque toda sua atenção a favor da criatividade. Nada de perder tempo com atividades que podem desviar sua atenção do problema real a ser solucionado, como aquele bate-papo gostoso ou críticas e análises que não agreguem valor ao projeto. Concentre-se. Preste a atenção. Reflita. Analise. Anote. Mapeie. Amplie seus canais de percepção.

## Atividades gerais para provocar o cérebro

**1.** Separe um caderno ou bloco de folhas em branco e desenhe livremente como quando era criança.

**2.** Faça uma lista de soluções criativas que você viu aplicadas na empresa, na escola ou em outros ambientes.

**3.** Crie histórias. Faça montagens, colagens ou cartazes com imagens recortadas de revistas ou outro material impresso.

**4.** Crie novos títulos para anúncios de revistas, filmes, novelas, livros. Escreva com profusão, pelo menos, 10 opções para cada um.

**5.** Elabore uma lista com o nome de 12 personalidades. Em seguida escreva, como se fosse elas, suas definições de criatividade.

**6.** Entreviste 12 pessoas que você não conheça e pergunte suas opiniões e definições para criatividade.

**7.** Faça uma lista de qualidades ou características de pessoas criativas.

**8.** Recorte 12 pequenos pedaços de papel e escreva em cada um deles uma característica altamente criativa de 12 produtos diferentes. Então, avalie cada um dos 12 produtos usando as 12 características.

**9.** Separe fotos ou imagens de 12 de seus heróis ou heroínas criativos. Então faça uma lista de como eles eram criativos e por que, e qual a relação criativa que há entre cada um deles.

**10.** Separe uma caixa de lápis de cor e uma folha em branco. Olhe para o ambiente em que se encontra e anote tudo o que julga criativo, alternando as cores para cada nova ideia.

**11.** Vista uma camiseta branca e vá passear. Leve algumas canetas coloridas próprias para escrever em tecido e anote na camiseta todas as ideias criativas que tiver no decorrer do dia.

**12.** Encha um balde com água. Coloque-o sobre uma mesa e dentro do balde coloque muitos objetos que não estraguem quando mergulhados.

Apalpando os objetos com a mão que você não utiliza para escrever e sem dirigir o olhar para eles, tente identificá-los e note como se amplia criativamente sua percepção sobre cada um deles.

**13.** Faça uma lista com nomes de pessoas que tenham algo em comum, como, por exemplo, seus parentes, seus amigos de clube, seus parceiros de trabalho. Escreva como e quanto cada um demonstra ser mais ou menos criativo.

**14.** Vá a uma biblioteca. Selecione 12 livros de autores diferentes. Leia um capítulo de cada livro e descreva exemplos de como e por que eles são criativos.

**15.** Com os mesmos 12 livros, selecione um capítulo de cada um e monte criativamente uma nova e inédita história.

**16.** Selecione 12 anúncios ou artigos que julgar criativos de uma de suas revistas favoritas. Escreva um texto que justifique sua escolha e aponte por que os textos escolhidos são criativos.

**17.** Anote em um papel ou faça uma gravação de tudo o que perceber como criativo.

**18.** Pergunte a 12 pessoas diferentes, conhecidas de você ou não, o que elas têm feito de criativo em suas vidas.

**19.** Faça uma escultura com argila.

**20.** Faça dobraduras com papel.

**21.** Faça uma lista de 12 empresas que julga

criativas; selecione produtos ou serviços que elas oferecem e que fazem com que você se convença de que são realmente criativas.

**22.** Desenhe uma detalhada linha do tempo de um produto ou serviço que sua empresa oferece ao mercado e aponte em que momento ou momentos do processo é utilizada a criatividade.

**23.** Faça uma caminhada de cerca de 30 minutos por seu escritório ou sua casa e anote 12 produtos que lhe chamarem a atenção. Escreva se e de que modo são criativos comparados aos dos concorrentes.

**24.** Liste 12 profissões diferentes. Descreva em detalhes como cada uma é criativa.

**25.** Use 30 minutos de seu tempo e reflita sobre as diferenças culturais entre a sociedade em que vive e a cultura de um outro país ou região que tenha visitado ou conhecido por meio de um documentário. Experiências vivenciais são mais ricas nesse sentido.

**26.** Tente responder: Por que artistas plásticos são tão criativos? Por que compositores musicais são tão criativos? Por que profissionais de negócios são tão criativos? Por que professores são tão criativos? Se não conseguir responder "por que", então responda "como" são criativos.

**27.** Escreva por que e em que circunstâncias as pessoas não deveriam ser criativas.

**28.** Faça uma lista de 12 coisas que você faz com frequência e que poderia fazê-las mais criativamente daqui a um mês.

**29.** Faça um cartaz utilizando a técnica que escolher, com as palavras: Mudança, Criatividade, Vida, Desenvolvimento, Problema, Coragem, Paixão, Compromisso, Energia, Inteligência, Cérebro, Intuição, Visualização, Humor.

## Definindo problemas

**30.** Selecione uma manchete de jornal e faça uma lista de opções de como resolveria o problema nela apresentado.

**31.** Selecione 6 objetos. Já trabalhando em uma das opções de resolução do problema, ao acaso, escolha um dos objetos e se pergunte como resolveria o problema utilizando o objeto escolhido.

## Diagnosticando problemas

**32.** Escolha um problema de seu passado. Faça uma lista de 12 pessoas diferentes que não tiveram participação nessa situação. Então escreva como essas pessoas resolveriam esse problema.

## Soluções possíveis

**33.** Descreva de que maneira você faria uma reforma completa em sua casa, supondo que não tivesse nenhum problema com orçamento (ilimitado), sem fazer uso de soluções comuns, mas, sim, muito criativas.

34. Selecione um objeto e escreva, pelo menos, 20 ideias de novos usos para ele.

## Flexibilidade

**35.** Selecione a mais incomum das 20 ideias e gere mais 20 sob nova perspectiva.

**36.** Liste 26 lugares muito diferentes para onde viajaria agora.

**37.** Selecione o lugar mais incomum e liste 12 pessoas que não se conheçam para viajar com você, justificando sua escolha.

**38.** Escreva alguns diálogos entre essas pessoas.

## Atribuindo análise

**39.** Analise sua caneta. Atribua a ela aspectos táteis, visuais, auditivos, olfativos e palatares que podem agregar valor.

**40.** Selecione um problema recente. Liste seus aspectos em detalhes. Reflita sobre cada aspecto. Atribua valores sensoriais a cada um.

**41.** Selecione algumas manchetes de jornal e escolha 6 problemas. Escreva 6 atributos para cada um.

## Escolhas

**42.** Escreva o alfabeto na vertical, uma letra por linha. Na frente de cada letra escreva o nome de uma pessoa famosa que comece com aquela letra.

**43.** Com a mesma técnica, gere nomes de frutas, ruas, filmes e cidades.

**44.** Enquanto passeia com alguém, faça o alfabeto ambulante, por exemplo, comece por "a" ao passar diante de uma farmácia e associe "aberta", para "b", ao passar por uma padaria, "bolo" etc.

## Clichês

**45.** Selecione, anote e colecione clichês e ditados populares. Reescreva-os de modo criativo.

**46.** Peça a um grupo de crianças para terminar um clichê. Leia a primeira parte e peça a elas que completem.

## Palavras

**47.** Uma palavra puxa a outra. Ao ver TV, escolha uma palavra aleatoriamente para ser o ponto central de uma redação cujo título você já tenha selecionado. Escreva o texto.

**48.** A próxima palavra. Escolha aleatoriamente uma palavra em um jornal ou revista e proceda da mesma maneira.

**49.** Faça uma lista de substantivos, uma de adjetivos, uma de produtos, uma de serviços e uma com nomes de pessoas ou marcas de produtos. Crie novos relacionamentos entre as listas. Associe a uma pessoa, uma empresa, um produto, uma marca, ou um serviço.

## Fazendo sentido

**50.** Anote quantos aromas diferentes é capaz de identificar em 15 minutos num ambiente selecionado.

**51.** Quantas coisas em vermelho consegue perceber em 10 minutos. Anote em uma folha, com tinta vermelha.

**52.** Faça uma lista de palavras bastante comuns. Selecione uma palavra por vez e anote quantas vezes a ouve durante um passeio pelo *shopping*, ou durante um almoço.

**53.** Faça uma lista de quantos sabores experimenta durante uma manhã, uma tarde ou uma noite. Quais sabores evitou e por quê. De quais sabores novos gostou e não gostou, justificando cada um.

**54.** Faça uma lista das sensações táteis que consegue perceber durante uma caminhada de 15 minutos em sua casa, no escritório, na praia, no campo etc. Toque superfícies, tecidos, móveis, paredes, chão.

## Viajando

**55.** Registre suas viagens e passeios com fotos e anotações.

**56.** Faça uma lista de lugares que queira visitar no futuro. Separe fotos, folhetos e artigos de jornal que tragam informações desse lugar.

**57.** Pratique uma nova atividade de lazer a cada semana.

**58.** Pergunte a amigos, familiares, alunos, professores, para as pessoas em geral, como eles acreditam que serão suas vidas daqui a 20 anos. Anote suas respostas.

**59.** Compare matérias antigas que previam como seria o futuro com os dias atuais.

**60.** Leia livros antigos de ficção científica e compare com a realidade e com os atuais livros do mesmo gênero.

## Todos os dias

**61.** Seja um profissional criativo. Seja uma mãe criativa. Seja um pai criativo. Seja uma filha ou filho criativo. Seja um cidadão criativo.

# Parte 2
# A prática da criatividade

# Capítulo 1
# Informação e estímulo

Você leu na introdução que a criatividade é um processo e requer trabalho. É necessário ter ferramentas, técnica, matéria-prima, esforço e, claro, um local de trabalho.

A matéria-prima do processo criativo que irei descrever neste livro é a informação; portanto, falemos um pouco sobre esse tema. Mesmo que você não trabalhe com criatividade, é muito provável que já tenha tido algumas ideias ao longo da sua vida. Algumas dessas ideias você provavelmente teve quando estava debaixo do chuveiro. Outras, talvez, quando estava no metrô. Outras vieram enquanto assistia à TV. Mas o que provocou essas ideias?

Em praticamente 100% do nosso tempo, nós estamos armazenando informações. Segue exemplo dos tipos de informações que armazenamos quando vamos a um restaurante:

- A visão nos permite "armazenar" a cor da fachada, o modelo da roupa da *hostess*, como as famílias almoçam, quantas vezes as pessoas se servem, o garotinho que só quer saber de brincar com seu carrinho de plástico, desviando das dunas formadas pelas dobras da toalha de mesa etc.

- O olfato percebe o cheiro das ervas de uma salada, o cheiro dos ingredientes utilizados no cozido e o perfume da pessoa que está à mesa ao lado.

- O paladar percebe o sabor que um prato comum tem nesse restaurante e como os sabores de dois alimentos que você nunca pensou misturar combinam tão bem.

- Ao tocar o prato você percebe que ele está quente, pois acabou de sair da lava-louças. Já os pesados talheres de metal estão frios, mas não tão frios quanto o gelo que você tirou do seu copo — você pediu refrigerante SÓ com limão, mas o garçom trouxe sem limão e com MUITO gelo.

- Enquanto come, você ouve a história que seu primo está contando e, ao mesmo tempo, a conversa  da mesa ao lado; o "zunzum" de todas as pessoas, a música que está tocando ao fundo e a sirene da ambulância que acaba de passar na rua. E nós ainda vamos além dos cinco sentidos:

- Antes de servirem o seu prato, você já estava tentando "adivinhar" se gostaria ou não da comida. Se gostar, vai armazenar essa informação e provavelmente retornará em outra ocasião.

- Embora o garçom tenha errado a sua bebida (o refrigerante só com limão), você ficou contente de ter acertado que ele lhe traria o pedido errado.
- O seu primo derrubou o copo de cerveja dele. Se caiu no seu colo, provavelmente você se zangou; se foi no colo dele, talvez você tenha até se divertido com isso. Independentemente de qual seja sua reação, ela será registrada.
- O garçom tinha uma cara engraçada; seu primo comentou que ele parecia o filho do Jim Carrey com o Mickey Mouse e você se matou de rir.

Parece-lhe muita informação? Pode acreditar que não citei nem um décimo de toda a informação que armazenamos, sem perceber, durante um almoço ou jantar em um restaurante. Agora imagine que o cérebro guarda essas informações todos os dias, 24 horas por dia, mesmo quando estamos sonhando de madrugada.

Uma vez que cada pessoa tem uma experiência de vida diferente e níveis distintos de educação e curiosidade, é natural que o número e os tipos de informações que cada um de nós armazena sejam diferentes. Lembro também que o acaso tem um papel fundamental dentro desse processo. Por exemplo, o sabor da salada do restaurante vai despertar lembranças de uma fazenda para uma pessoa, de um ex-namorado para outra e provavelmente não terá registro para aquele que não a comer.

Agora imagine a seguinte situação: você acabou de sair do trabalho e está voltando para casa, pensando que na próxima semana será o aniversário daquele primo com o qual foi ao restaurante. Faz dias que você está pensando em um presente legal para ele, mas não sabe ao certo o que comprar.

Chegando em casa, você deixa suas coisas em algum lugar, tira a roupa com a qual passou o dia e entra debaixo do chuveiro. Alguns minutos depois, tem a resposta que procurava: vai comprar um DVD com o último filme do Jim Carrey, para o seu primo! E a ideia não para por aí: usando as informações que conhece a respeito do seu primo, vai pensar em uma embalagem e um cartão criativo para ele. Talvez até uma maneira criativa de entregar o presente.

Mas como isso aconteceu? Provavelmente ao entrar debaixo do chuveiro, que ainda não estava quente o suficiente, você, de maneira inconsciente, associou o frio que sentiu com o dia em que estava com o seu primo no restaurante e teve de tirar o gelo de seu próprio copo. Logo em seguida, você se lembrou da gargalhada que deu quando seu primo disse que o garçom parecia o filho do Jim Carrey com o Mickey. É provável que do comentário que ele mesmo fez pode ter surgido a sua ideia de comprar o filme.

Essa é apenas uma hipótese, pois, como você já sabe, a quantidade de informações que armazenamos todos os dias é monstruosa. Uma vez que qualquer estímulo pode disparar uma associação, é impossível dizer o que desencadeou o processo. O simples fato de relaxar debaixo do chuveiro e ter se afastado do problema pode ter iniciado o processo pelo qual seu subconsciente, sem que você percebesse, encontrou a solução que você procurava. Esse processo já foi descrito por vários cientistas e teóricos da criatividade. Para mais informações, recomendo a leitura de How to Get Ideas, de Jack Foster, BK Editora, 1996.

Uma flor colorida que nasce no meio de uma calçada, alguém chorando, uma piada que você viu em um seriado de TV, alguém pedindo dinheiro dentro do ônibus, um bando de pássaros voando juntos, qualquer um desses eventos poderia desencadear um processo que resultaria em uma ideia. Portanto, do que foi dito até aqui, podemos concluir pelo menos duas coisas:

1. Quanto maior a quantidade e a qualidade de informação que você armazena, quanto maior o seu interesse e curiosidade pelos mais variados assuntos e quanto maior for a sua experiência, mais fácil será para gerar uma ideia original.

2. Se os estímulos são os gatilhos dos processos criativos, um número maior de estímulos poderia resultar em número maior de "oportunidades" criativas.

Isto quer dizer que para fazer uso de sua experiência, cultura e curiosidade é importante que você seja estimulado, por acaso ou deliberadamente.

### Exercício

Escolha determinado evento (por exemplo, passear no parque, ir ao cinema, fazer compras) e tente anotar e/ou desenhar o maior número possível de informações que consegue armazenar.

## Capítulo 2
# O ambiente de trabalho

Seu sonho se realizou e uma agência de propaganda acaba de contratá-lo. Você tem uma mesa só sua, com telefone, computador, algumas gavetas, papéis e algumas canetas. Logo que entrou na agência já foi diretamente envolvido em um projeto de um cliente que fabrica discos de cerâmica para embreagens de automóveis. A campanha deve ser dirigida aos gerentes de autopeças das concessionárias de uma grande montadora do país. E mais um detalhe: o projeto está um pouco atrasado, portanto o trabalho precisa ser feito o mais rápido possível.

Independentemente da área na qual esteja trabalhando, você vai precisar ter ideias. Então, vamos analisar o que está lhe acontecendo:

– Você acaba de integrar uma equipe com a qual não está acostumado a trabalhar e ainda não está totalmente entrosado.
– Precisa ter ideias a respeito de discos de cerâmica para embreagens de automóveis, mas é muito provável que não tenha tido muito

contato com esse tipo de objeto no decorrer da sua vida. Consequentemente, você não tem muita informação armazenada a respeito desse assunto.

- Você não sabe exatamente quem é o gerente de autopeças de uma concessionária. Qual a idade dele? Seu grau escolaridade? Suas funções? O que ele faz no tempo livre?

É muito natural ocorrer esta situação dentro de uma agência e, se você ainda não passou por nada parecido, pode ter certeza de que ainda vai passar. No entanto, dentro do ambiente de trabalho ideal, realizar sua tarefa seria relativamente simples. Vejamos:

Antes de qualquer coisa, você precisa de informações a respeito do produto e da marca para, então, ter uma pista sobre o que vai falar. Mesmo que não seja possível conversar com o cliente, provavelmente outros membros da equipe tenham a informação de que você precisa. Caso não tenham a informação, conecte o seu novo computador à Internet e mergulhe no interessante mundo dos acessórios para veículos. Aproveite e tente descobrir o que difere essa marca de seus concorrentes.

Além disso, sua própria agência fez uma pesquisa sobre o perfil dos gerentes de autopeças das concessionárias; agora você já sabe um pouco melhor com quem está falando.

Muito bem, você já tem um pouco mais de matéria prima e agora precisa de estímulos. Mas como consegui-los dentro de uma agência? Nem todas elas têm um chuveiro para você entrar debaixo!

Em um ambiente fechado, muitas vezes, temos de forçar esses estímulos, por exemplo, discutindo com nossos colegas, folheando jornais e revistas, assistindo a filmes, tentantando resolver um cubo mágico etc.

Portanto, os leitores mais perpicazes já perceberam que, muitas vezes, o trabalho criativo não dependerá apenas de nós. Para isso é importante que você tenha um lugar de trabalho propício à criatividade; o que engloba desde o espaço físico e sua infraestrutura até a experiência da equipe com a qual irá trabalhar. Como cada um de nós responde de maneira distinta aos estímulos externos, é natural pensar que cada indivíduo precise de um ambiente de trabalho único que deve ser montado e/ou ajustado por ele mesmo.

Seguem algumas ideias que podem ajudá-lo a montar o seu espaço de trabalho:

## Fontes de informação

- acesso a Internet;
- livros sobre os mais variados assuntos;
- revistas e jornais de diversos países;
- vizinhança: existem livrarias perto da agência? lojas interessantes? galerias de arte? locadoras de vídeo?
- filmes e CDs diversos.

## Espaço físico

- Em uma mesa só sua, você pode incorporar quantos elementos desejar. Algumas pessoas se sentem melhor quando a mesa está quase vazia, com muito espaço. Outras se sentem bem com seu pequeno "caos particular".
- Alguns gostam de ouvir música enquanto criam; outras preferem o silêncio.
- Você acha sua sala monótona? Que tal pintar cada parede de uma cor diferente?
- Embora não seja exatamente parte integrante do local de trabalho, a roupa que você veste também pode influenciar no seu trabalho. Algumas pessoas preferem trabalhar vestindo roupas mais confortáveis e outras se sentem mais criativas quando estão vestidas socialmente.

## Fontes de estímulo

- livros sobre os mais variados temas;
- Quadros e obras de arte espalhadas pela agência;
- Brinquedos sobre sua mesa;
- TV ou rádio;
- Uma equipe com a qual se sinta à vontade.

É extremamente importante que você se relacione bem com as pessoas envolvidas em um projeto criativo.

Agora que você já tem informações suficientes para montar o seu ambiente ideal de trabalho, mãos à obra. No livro A-ha! de Jordan Ayan há um capítulo muito interessante que trata de como personalizar o seu ambiente de trabalho e torná-lo mais propício ao trabalho criativo.

## Capítulo 3

# A propaganda criativa

Programas de TV que mostram comerciais divertidos, levaram grande parte das pessoas a pensar que propaganda criativa é somente aquela engraçada. Já a prática equivocada da profissão por alguns publicitários, levou parte do mercado a crer que para ser entendida, a propaganda criativa precisa ser analisada por algum tempo, decifrada e só depois compreendida. Embora sejam inverdades, essas lendas têm fundamento. No caso do humor, já foi comprovado que seu uso na comunicação pode ajudar as pessoas a memorizarem uma ideia ou conceito. Efeito parecido ocorre quando o público é convidado a "participar" da ideia. Isso acontece quando determinado anúncio apresenta apenas uma parte da informação, forçando o público a pensar por um instante e completar o restante da mensagem. O problema reside no uso inapropriado dessas artimanhas.

Quantas vezes não comentamos com alguém o quão engraçado era um determinado comercial de TV, mas na hora de dizer qual era o produto anunciado, não conseguíamos nos recordar. Pior ainda quando alguém falha ao tentar fazer graça para vender um produto; de tão sem graça, alguns comerciais de TV nos fazem mudar de canal, afinal existe uma grande diferença entre tornar uma situação engraçada e tentar fazer graça gratuitamente.

Para ser eficaz, a propaganda deve comunicar ao público, com clareza, algo a respeito de um produto ou serviço, que fique registrado em sua memória. Sendo assim todo e qualquer artifício empregado no esforço criativo deve ser coerente e agregar algum tipo de valor à marca anunciada.

Se o artifício escolhido pela agência e pelo anunciante foi o humor, é obrigação do publicitário associar esse humor diretamente à marca, fazendo com que, ao lembrarem-se do anúncio, as pessoas se recordem também do produto anunciado e de suas qualidades. Esse comentário parece óbvio, mas, se prestar a atenção, vai notar que isso não ocorre com a frequência que deveria.

## Propaganda de qualidade

Este tipo de propaganda é fácil de se reconhecer. Normalmente,quando nos deparamos com esse tipo de comunicação, pensamos: "Caramba, que ideia bacana!". "Poxa, que anúncio simples! Eu poderia ter feito isso.".

Para explicar esse efeito "como é que eu não pensei nisso antes?", vou comentar, brevemente, duas características interessantes do cérebro, sem as quais, todo o humor e a criatividade humana não existiriam tal como os conhecemos.

A primeira característica é o fato de montarmos padrões para as variadas informações que aprendemos. Por exemplo, você foi fazer compras em um *shopping* e resolveu passar em um *fast-food* para comer um lanche. Senta-se na praça de alimentação, come e, ao terminar sua refeição, dirige-se até o lixo. Isso é um padrão de comportamento nosso. É o que fazemos ao terminarmos de comer. Muitas vezes, esse processo é tão automático, que nem pensamos para executá-lo. Só queremos nos livrar, o mais rápido possível, dos nossos copinhos descartáveis.

A outra característica do cérebro, que quero comentar, é o seu sistema interno que busca completar esses padrões de comportamento.

No caso de um padrão que já armazenamos, o cérebro tenta completá-lo com uma informação em nossa memória. Se alguém diz "Eu tenho duas notícias para você", no mesmo instante pensamos: "Uma boa e outra ruim.".
É automático. Água mole, em pedra dura... viu só?

No caso de um padrão que ainda não existe ou não está completo, o cérebro quer completá-lo para poder armazená-lo. É o que ocorre, por exemplo, quando vemos uma manchete no jornal da TV e ficamos lá assistindo ao noticiário até sabermos a notícia na íntegra.

Voltemos ao *shopping center*. Você acabou de comer e está levando sua bandeja até o "OBRIGADO". Chegando mais perto, percebe que o lixo já está cheio tanto dentro como em cima. No entanto, tem de deixar seus copinhos descartáveis ali. É assim que fez a vida toda. Você tenta socar a bandeja ali dentro. É impossível, mas mesmo assim, você insiste em equilibrar a sua bandeja sobre as outras bandejas cheias que estão por ali. Pronto, com algum esforço, você conseguiu cumprir sua missão. O padrão se completou.

Outro dia, almoçando sozinho no *shopping*, eu prestava a atenção na luta das pessoas tentando abandonar suas bandejas. O curioso foi que, ao lado do "OBRIGADO", existia um lixo menor, completamente vazio. Como executamos a nossa rotina de maneira quase automática, durante o tempo que permaneci ali reparei que ninguém parou para olhar que ali ao lado havia outro lixo.

Jogar o lixo na lata menor resolveria o problema; entretanto, quebrar ou desviar-se dos padrões de comportamento gravados no nosso cérebro não é algo natural para os humanos.

Veja este outro exemplo:
O pai diz ao filho:
— Filho, agora que você já tem 10 anos, chegou a hora de conversarmos a respeito de sexo.
O filho responde:
— Tá bom pai, o que você quer saber?

Ao perceber que o pai queria conversar com o filho, o nosso cérebro resgata um padrão: sabemos que o pai tem algo para ensinar ao filho. O sistema de completamento já começa a buscar pelo restante da mensagem — nesse caso, o que o pai tem para dizer. A resposta do filho nessa piada, quebra esse padrão.

Observe que, tanto no exemplo do lixo quanto na piada , estão presentes somente informações que fazem parte do repertório de praticamente todas as pessoas. Usar o lixo menor ou tornar irônica uma conversa séria entre pai e filho não requer nenhuma informação adicional nem de poderes sobre-humanos. Basta romper os padrões de comportamento armazenados em nosso cérebro para as tarefas em questão.

Aquela propaganda que faz a gente se sentir como "Poxa, que sacada. Como é que não pensei nisso?" funciona da mesma maneira. Se todos os elementos e padrões envolvidos estão relacionados (direta ou indiretamente, mesmo que de maneira inversa) com o universo do produto anunciado, a quebra do padrão gera uma ideia, que está automaticamente associada à marca.

Um dos enganos mais comuns cometidos por publicitários inexperientes é utilizar informações e/ou elementos que não fazem parte do repertório do público ao qual se destina o anúncio. Isso acaba resultando, muitas vezes, em tentativas frustradas de se fazer humor ou ainda anúncios que só conseguem ser decifrados por outros publicitários.

Agora imagine se lá no *shopping* você se obrigasse a jogar o lixo em outro lugar, que não dentro do "OBRIGADO". Qualquer outro lugar, menos ali onde sempre jogou. Certamente encontraria uma nova maneira de se livrar da sua bandeja. Ou ainda:

Você faz um determinado caminho para ir de sua casa até o trabalho todos os dias, certo? Faça um esforço para mudar esse caminho. Se você vai de carro, tente mudar o seu trajeto, forçando-se a passar por determinado ponto pelo qual não costuma passar. Ou, ainda, vá de ônibus; certamente seu caminho será diferente.

Assim funcionam as técnicas criativas que veremos adiante: são artifícios que vão nos ajudar a fazer as coisas de maneira diferente da usual, quebrando esses padrões que construímos ao aprendermos algo.

## Capítulo 4
# Primeiro desafio

No capítulo anterior vimos como a quebra dos nossos padrões comportamentais está diretamente ligada à geração de ideias. Também vimos que devemos considerar o público que queremos atingir e utilizar elementos comuns entre seu repertório e a marca na hora de criar.

Aqui começa o verdadeiro desafio criativo. Talvez essa seja a parte mais complexa e delicada de todo o processo: definir e separar as informações e elementos importantes tanto para a marca/ produto quanto para o público.

Algumas vezes, durante a criação, você vai notar que não há informação necessária para começar o processo criativo; outras vezes, a quantidade de informação fornecida pelo cliente ou mesmo pelo seu diretor de criação é tanta que se torna difícil escolher por onde começar.

Embora a abundância de informação pareça uma situação confortável, ela pode ser traiçoeira, nos levando a escolher, de um conjunto de dados, aqueles mais fáceis — mas nem sempre melhores — de ser trabalhados. Isso pode brecar prematuramente nosso processo criativo, fazendo-nos ficar com as primeiras ideias.

### Refazendo o exercício

No primeiro capítulo, mostrei uma parcela da grande quantidade de informações que armazenamos durante uma refeição em um restaurante. Logo em seguida foi sua vez de fazer o exercício.

Sugiro agora que você faça novamente o exercício, só que desta vez com algumas novas regras:

**1.** Escolha um produto ou serviço.

**2.** Defina o público-alvo referente à sua escolha.

**3.** Liste toda a informação que conseguir: desde palavras que vêm à sua mente quando você pensa nesse produto até o que vê ou sente ao entrar em uma loja para comprá-lo. Se necessário, faça uma pesquisa.

**4.** O passo mais importante: tente peneirar, das informações que listou, aquelas mais prováveis de fazerem parte do repertório do seu público, mas lembre-se: nunca o subestime.

## Capítulo 5

# Analisando informações

Analisar as informações selecionadas para um projeto é o próximo passo a ser tomado antes de se utilizar qualquer técnica criativa. Você vai perceber que, muitas vezes, o simples fato de olhar atentamente e com calma para determinada informação, quase que instantaneamente, vai resultar em uma ideia, antes mesmo de fazer qualquer esforço criativo consciente. Entretanto, outras vezes você irá precisar de mais "oportunidades criativas" para conseguir uma ideia. Essa é a função principal da análise de informações no nosso processo: gerar mais oportunidades criativas.

Farei a análise com dados que escolherei aleatoriamente, mas recomendo que você tente seguir os exemplos, usando uma das informações que listou no Capítulo 4 como importantes para o público e para a marca/produto que deseja anunciar.

## Níveis conceituais

Suponhamos que eu queira fazer algum anúncio para uma marca de ração para cachorros, e uma das informações que quero analisar é: cachorro. Por essa você não esperava, hein!?

## O que é um cachorro?

Um animal.

Muito bem, mas o que mais?

O melhor amigo do homem

Um companheiro

Um membro da família

O inimigo do gato

Um destruidor de chinelos

Um segurança

Um alarme

Um meio de transporte para pulgas

Perceba que já na primeira fase da minha análise, a informação cachorro se desdobrou em várias oportunidades criativas: desde membro da família, uma abordagem que já foi usada milhares de vezes em propagandas para este tipo de produto, até meio de transporte para pulgas. Agora ficou mais fácil de se avaliar e escolher qual é o caminho mais original para a sua estratégia criativa.

## Características

Essa etapa é tão fácil quanto o nome sugere. Abaixo estão algumas dicas, mas lembre-se de que você pode listar quantas características quiser.

**Cor do cachorro:** preto, branco, marrom, pintado.
**Textura:** peludo.
**Sensação tátil:** macio no caso de um cão de pelo longo.
**Proporções:** grande no caso de um pastor alemão.
**Função:** proteger a casa, fazer companhia.
**Comportamento:** latir para a lua, fazer xixi em postes e pneus de carros, cheirar o traseiro de outros cachorros — não me diga que você não está com uma vontade incontrolável de aproveitar pelo menos uma dessas oportunidades criativas.

Ter contato com o objeto ou a informação analisada é a melhor maneira de listar suas características. Se o seu chefe não deixar você trazer, por exemplo, um cachorro para a agência, faça uma visitinha à *pet shop* mais próxima.

## Alternativas

Este é um dos elementos mais importantes para o nosso processo e também um dos mais usados na propaganda atual. Como o próprio termo sugere, seria a maneira de dizer alguma coisa, usando uma estratégia alternativa para fazê-lo. Por exemplo, de que maneiras eu poderia representar a informação BRASIL? Vejamos na página seginte:

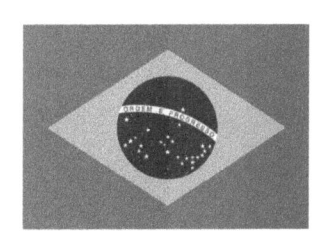

# BRASIL

Note que estas são alternativas mais universais e é muito provável que qualquer pessoa, até mesmo estrangeira, consiga identificar pelo menos uma das representações acima e associar com o país Brasil, entretanto, como vimos anteriormente, devemos levar em consideração o público para o qual estamos tentando comunicar nossas ideias. A seguir estão mais algumas alternativas para BRASIL, talvez não tão universais.

Note que as alternativas para um mesmo termo irão variar conforme o público, a situação e até mesmo o meio de comunicação para o qual você está criando. Se você está tendo ideias para um meio que possibilita o uso de áudio, como rádio, TV, cinema ou a Internet, maneiras sonoras alternativas de se representar o Brasil, seria tocar o seu Hino Nacional, Aquarela do Brasil ou uma música do estilo bossa nova.

Agora, voltando à ração canina, quais seriam minhas alternativas para representar um CACHORRO, sem realmente mostrá-lo?

Casinha de cachorro
Pote de ração
Pegada de cachorro
Coleira
Au-Au

## Tipos

Listar os tipos existentes de uma determinada informação ou objeto ajuda a encontrar caminhos paralelos para se construir uma mensagem original. O único cuidado a se tomar é não ultrapassar o ponto onde a estratégia criativa passa a ser lateral demais e começa a enfraquecer o anúncio. Quais são os tipos existentes da informação que você está analisando? No caso do meu exemplo:

- Cachorro
  . grande
  . pequeno
  . bravo
  . manso

- Cachorro de madame
- Cachorro de pelúcia
- Cachorro-quente

Lembre-se, deixe a mente fluir, mesmo que pareça que está pensando besteira. Nesse momento estamos ainda "gerando" ou encontrando oportunidades criativas e não tentando resolver um anúncio ou peça criativa.

## Território ou lugares de ocorrência

Visualizar os lugares onde estão presentes os objetos que estamos analisando é extremamente útil. Se for possível, é interessante que você visite esses lugares. No caso do meu cachorro, posso encontrá-lo em:

- uma *pet shop*  
  (dentro da gaiola ou fora)
- uma loja de brinquedos  
  (no caso do cachorro de pelúcia)

- um sítio
- um canil
- um quintal

Caso seja impossível visitar os lugares onde possa estar presente a informação analisada — seja por difícil acesso ou por se tratar de um lugar imaginário —, tente pesquisar em livros ou, ainda, alugar filmes sobre esses lugares. Assim você pode visualizar esse ambiente, o que, no momento de aplicarmos as nossas técnicas criativas, será muito importante. Se for impossível conseguir qualquer tipo de referência, tente se imaginar nesse lugar.

### Exemplo

Imagine qual é a visão do cachorro de dentro de uma gaiola na *pet shop*:
- Ele vê outros cachorros nas gaiolas vizinhas
- As pessoas batendo nos vidros (no caso da gaiola ser feita de vidro)
- Seres humanos apontando para eles, fazendo caretas e falando com vozes ridículas

E aqui completamos mais uma fase do nosso processo. Se você acompanhou e fez sua própria lista de análise, deve ter notado quantas oportunidades criativas surgiram de uma simples informação. No próximo capítulo você irá submeter as melhores oportunidades às técnicas criativas.

## Capítulo 6
# Técnicas criativas

Como foi comentado anteriormente, as técnicas criativas nos ajudam a driblar os nossos padrões de comportamento e organizar informações de maneira original para possivelmente encontrarmos uma nova ideia lógica.

A transformação dessas ideias em peças de comunicação vai depender da sua capacidade de aproveitá-las e de utilizar uma linguagem para expressá-las; diretores de arte e *designers* tendem a resolver problemas criativos de maneira visual, enquanto redatores vão fazer uso das palavras. Este capítulo não é sobre direção de arte ou técnicas de redação, mas sobre como aumentar as chances de se conseguir ideias que funcionam, comunicando conceitos com clareza. Independente da linguagem com a qual você tenha mais afinidade, seja verbal ou visual, a técnica se aplica da mesma maneira.

Outra habilidade que você irá aprimorar com o tempo é saber aproveitar as vantagens possibilitadas pelos diferentes meios de comunicação. Você teve uma ideia e quer fazer um anúncio de revista. Muitas vezes, o seu diretor de criação, ou mesmo um colega de trabalho, vai perceber que a sua ideia pode ser ainda mais eficiente em outro meio, como a Internet ou o rádio. Então como saber qual a situação de máximo aproveitamento de uma ideia?

Cada caso é um novo desafio; com experiência, treino e sensibilidade, você vai desenvolver uma certa intuição. Claro que isso não acontece do dia para a noite, portanto, enquanto isso, minha dica é: experimente, pois grande parte do processo criativo é constituída de tentativa e erro. Mesmo que seguir a "moda" e fazer o que todo mundo anda fazendo seja tentador, experimente sempre, pois, além de ser uma grande oportunidade de conseguir um resultado diferente dos outros, você ainda amplia a sua sensibilidade.

## O que dizer?

Nos capítulos 4 e 5 da segunda parte do livro, você listou uma série de palavras, imagens e conceitos referentes a um produto ou serviço e depois analisou essas informações. A matéria-prima para o seu trabalho criativo está aí, mas antes de trabalha-la, você precisa definir o que vai comunicar ao público; provavelmente, este será o ponto de partida da sua ideia.

Algumas vezes o próprio cliente vai pedir o que ele deseja que seja comunicado pelo anúncio. "Devemos fazer um anúncio de homenagem ao Dia Nacional do Meio Ambiente." Ou "...um anúncio ressaltando a nova embalagem do meu produto." Ou ainda, "...uma campanha para divulgar a chegada da nova coleção de roupas da minha grife."

Outras vezes, você vai receber um *job* onde estará escrito algo como "Criar nova campanha para o produto X". Se o produto X tem alguma característica ou proposta que o faz único, esse poderia ser um ponto de partida para sua campanha, pois afinal não existe nada mais forte que você possa dizer à respeito de um produto, do que um fato.

Entretanto aqui você pode encontrar 2 problemas. O primeiro é que talvez essa característica pode ter sido explorada à exaustão em anos anteriores e não seria viável fazer mais um ano de campanha se baseando nesse fato. O segundo problema é que nem sempre o produto X terá alguma característica que o torne relevantemente distinto de seus concorrentes Y e Z. Talvez as empresas que montam respectivamente X, Y e Z até façam parte da mesma rede internacional, cuja proprietária seria a ALFABETO INC. Para baratear sua produção a ALFABETO INC. compra da LETRAS CO. a estrutura que serve de base para a construção de X, Y e Z. Ou seja, X, Y e Z são o mesmo produto, apenas embalados de maneira diferente. Adeus proposta única de venda.

O que fazer nesses casos? Por onde começar? O que dizer? Seguem algumas dicas:

- Existe uma ideia potencial no nome do produto?
- E em seu logotipo?
- Em sua embalagem talvez?
- O que acontece com as pessoas que consomem ou usam esse produto?
- E o que acontece com as que não o usam?
- Existe alguma ideia que poderia ser explorada na loja onde o produto é vendido?
- Existe outro lugar onde esse produto poderia ser encontrado?
- O lugar (país ou cidade) onde ele é produzido seria uma informação relevante para o seu público-alvo?

Poderíamos ficar aqui fazendo perguntas durante horas, afinal são inúmeras as possibilidades e

elas variam de produto para produto. Se você
é um bom observador, não faltarão pontos de
partida para suas ideias. Explore!

## As técnicas

Como disse anteriormente as técnicas criativas
são artifícios que  irão ajudar você a encontrar
maneiras originais de apresentar uma mensagem
ao público.

Muitos dos anúncios que veremos à seguir
apresentam uniões de duas ou mais técnicas, por
isso você deve entendê-las e usá-las em conjunto
sempre que achar necessário. O processo criativo
funciona mais ou menos como pintar um quadro.
Você não precisa usar as cores numa sequência
pré-determinada, mas combiná-las e usá-las
conforme for precisando de tons e luzes diferentes
para concluir a cena que está pintando.

## Sendo literal

Ideias podem surgir do simples fato de levarmos ao pé da letra as informações, conceitos e oportunidades criativas que estamos trabalhando.

A gente não pode ver uma mancha.

A gente não pode ver uma mancha.

Agência: Grey Brasil
Diretor de arte:
Caio Grafietti
Redator:
Marcelo Diniz

O sonho de toda dona de casa: um sabão que acabe com todas as manchas. Nesse caso, os criativos acabaram com até outros **tipos** de mancha para passar a mensagem de que o produto literalmente remove todas elas.  Lembre-se do que comentei no capítulo anterior sobre deixar sua mente ir além das associações lógicas.

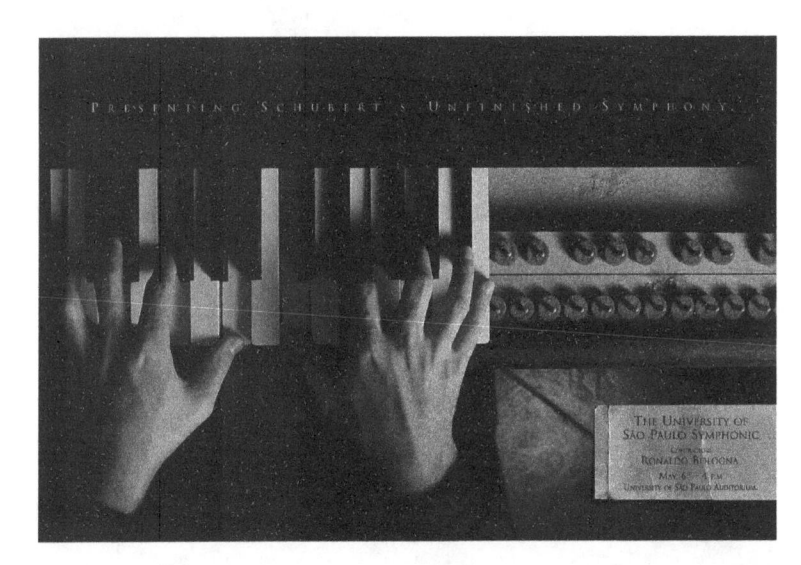

Agência:
Grottera
Comunicação
Diretor de arte:
Alessandro
Cassulino
Redator:
Fabio Bologna

A literalidade aqui  tornou a sinfonia visualmente incompleta mostrando uma **alternativa** incompleta do termo. Simples e bem-humorado.

Agência: Grey Brasil
Diretor de arte:
Caio Grafietti
Redator:
Sergio Maldonado

Uma maneira visual interessante de se mostrar, ao pé da letra, como os programas piratas podem estragar o seu computador.

Agência: Grey Brasil
Diretor de arte:
Caio Grafietti
Redator:
Marcelo Diniz

Sendo literal: se o leite comum vem de uma vaca comum, de onde viria o leite enriquecido? Uma das respostas está no anúncio acima.

Convite Frutas
Agência:
Grottera Comunicação
Diretora de arte:
Cristina Lucke
Redatora:
Débora Tenca

Após um reposicionamento, a Grottera
Comunicação convidou o mercado para conhecer
os frutos colhidos no último ano de trabalho.
Todas as frutas no convite desse evento eram
reais e possuíam a cor laranja, que era a cor
utilizada na identidade visual da agência.

Agência: TBWA\br
Diretores de arte:
Domênico Massareto
e Guilherme Rangel
Redator:
Marcelo Arbex

Para a Exposição Arte da África, realizada no
Centro Cultural Banco do Brasil, a agência criou

esse filme que começava com a imagem de uma estátua africana e uma música típica ao fundo. Após alguns segundos o público era surpreendido, pois a estatueta começava a dançar ao ritmo da trilha sonora. O filme era assinado com o conceito "Deixe a África surpreender você".

### Exagerar

Você já deve ter percebido que esse recurso sempre foi extremamente utilizado na propaganda. Basta folhear uma revista para ver anúncios do carro superveloz, do ventilador que faz o vento mais forte e do ar-condicionado que congela tudo à sua volta. Exagerar pode ser extremamente útil para se comunicar uma ideia, mas, por outro lado, deve-se tomar cuidado para que o exagero não tire a credibilidade do anúncio.

Agência:
Tequila\br
Diretor de
arte: Domênico
Massareto
Redatora:
Flavia
Figueiredo

Esse *banner* de internet mostra um sistema de tração exageradamente eficiente.

Como trabalhei na criação dessa peça, vou contar um pouco sobre o nascimento dessa ideia:
Quando a TEQUILA\BR passou a atender a Adidas do Brasil, eu comprei um par de tênis Adidas, pois assim eu poderia ter mais contato com o produto. O modelo que comprei, era apropriado para o uso em trilhas e por isso possui um sistema reforçado de tração e agarre ao solo.
Logo que dei os primeiros passos com ele, tive a sensação de que poderia realmente caminhar ou correr pelas paredes. Imediatamente surgiu a ideia.

Na manhã seguinte apresentei-a na agência e junto com minha dupla fomos acertando a peça até chegar na versão final presente aqui.

Com isso quero mostrar que você não precisa fazer listas de análise de informação ou tentar aplicar todas as técnicas criativas em sequência cada vez que precisar criar algum anúncio. Seria inviável e demandaria muito tempo. O processo todo foi desmembrado nesse livro por razões pedagógicas. Estude as técnicas e esteja sempre atento às oportunidades à sua volta, assim você pode escolher a ferramenta apropriada para cada ocasião.

Agência:
Grottera
Comunicação
Diretor de arte:
Guilherme Rangel
Redator:
Marcelo Arbex

Aqui os criativos decidiram exagerar não uma qualidade do produto, mas o mal que ele combate.

Agência: Grey Brasil
Diretor de arte:
Caio Grafietti
Redator:
Marcel Petroff

Parece que esse gatinho ficou forte mesmo.

## Consequências

Tudo tem ou causa algum tipo consequência.

A literalidade tem suas consequências.

O exagero também. O segredo é imaginar essas consequências ou apenas prestar a atenção nelas, pois elas podem resultar de qualquer característica ou comportamento de um objeto, produto ou serviço. Lembre-se de que é interessante imaginar tanto as consequências em curto prazo quanto as em longo prazo. Com a lista de análise em mãos, tente imaginar possíveis consequências das características e interações de um objeto e o mundo ao seu redor. Você irá notar que esta técnica está presente em vários anúncios, muitas vezes ocorrendo simultaneamente com outras táticas.

Agência: TBWA\br
Diretor de arte:
Alessandro Cassulino
Redator:
Sérgio Scarpelli

Uma das várias reações que a *black music* pode despertar numa pessoa.

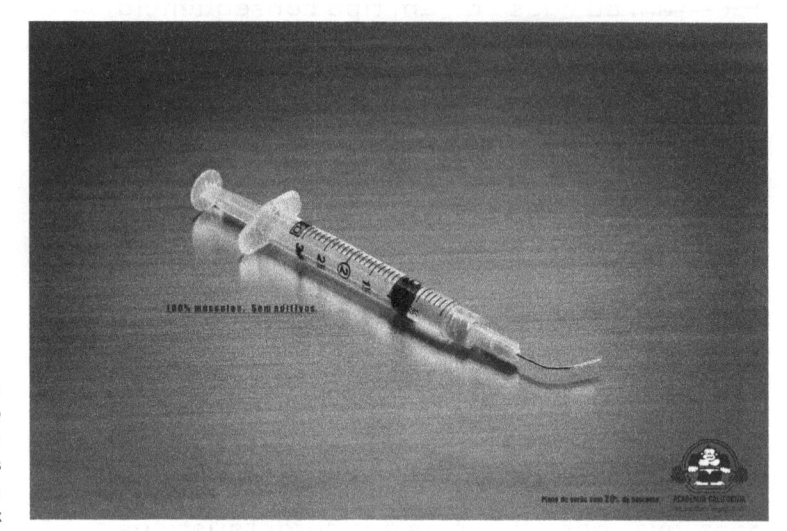

Agência:
Grottera Comunicação
Diretor de arte:
Leandro Sanches
Redator:
Marcelo Arbex

Eu não gostaria de me desentender com esse cara.

Provavelmente o mesmo cara do anúncio anterior. Notem que tanto nessa campanha, como no anúncio anterior o **exagero** também está presente.

E no caso dessa campanha, chamo a atenção para a escolha extremamente perspicaz

Cliente: Gracie
Academia de Jiu-Jitsu
Agência: TBWA\br
Diretor de arte:
Guilherme Rangel
Redator:
Sérgio Scarpelli

da linguagem visual: escolhendo esse *look* "quadrinhos" o diretor de arte garantiu que esse exagero presente na ideia não interferisse com a credibilidade da mensagem.

Agência:Grey Brasil
Diretor de arte:
Caio Grafietti
Redator:
Flavio Marchiori

Outro público, outra bicicleta.

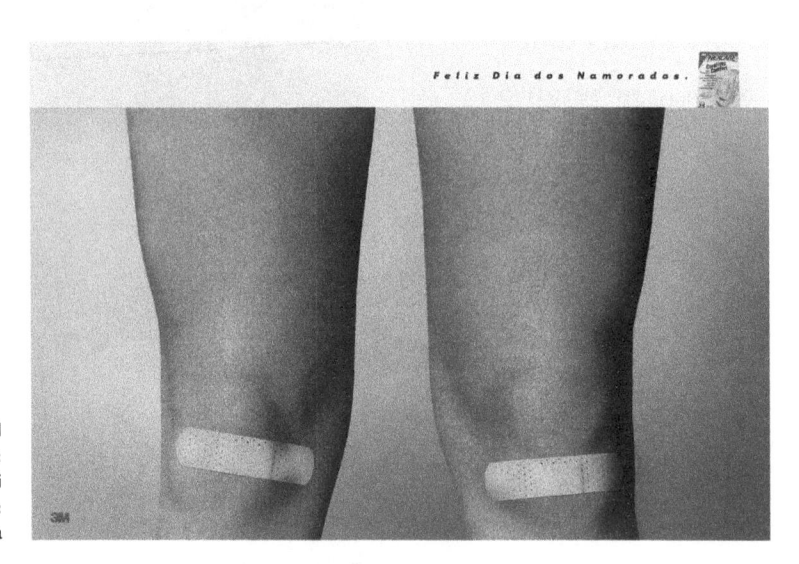

Agência: Grey Brasil
Diretor de arte:
Caio Grafietti
Redator:
Mauricio Genga

A comemoração parece ter sido menos

comportada do que o anúncio.

## Comparação

A velha tática do antes e depois parece estar sempre se renovando. O mundo da propaganda está repleto de comparações e metáforas, tanto verbais como visuais.

OS DOIS TRABALHARAM DOIS TERÇOS DE SUAS VIDAS.

Ajude a combater o trabalho infantil. Denuncie.

Agência:
Grottera
Comunicação
Diretor de arte:
Guilherme Rangel
Redator:
Marcelo Arbex

Propaganda boa nem sempre precisa ser engraçada.

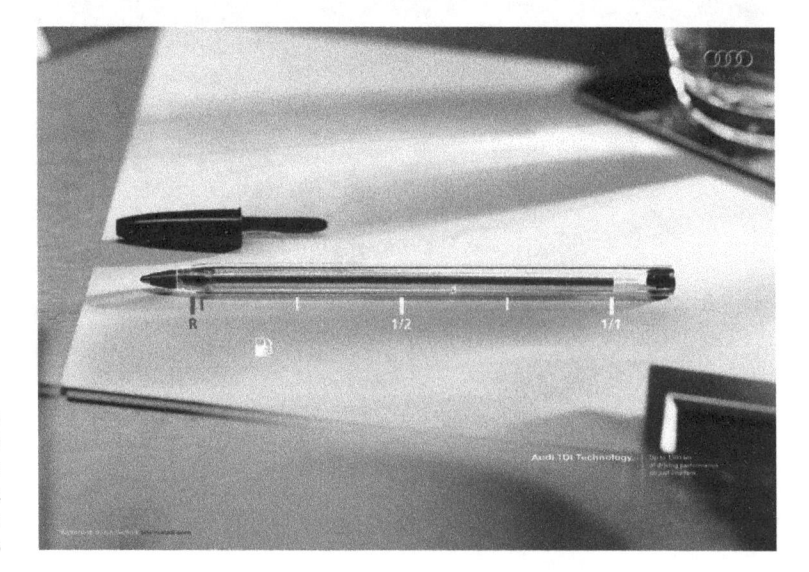

Agência:
AlmapBBDO
Diretor de Arte:
Guilherme Jahara
Redator:
Wilson Mateos

Vai demorar mesmo para o dono desse carro voltar ao posto de gasolina.

Título: Você deixou de ler 47 páginas de
"O Evangelho segundo Jesus Cristo",
de José Saramago.

Título: O mesmo tempo de ler 74 páginas de
"A Metamorfose", de Franz Kafka.

Agência:
AlmapBBDO
Diretor de Arte:
Guilherme Jahara
Redator:
Wilson Mateos

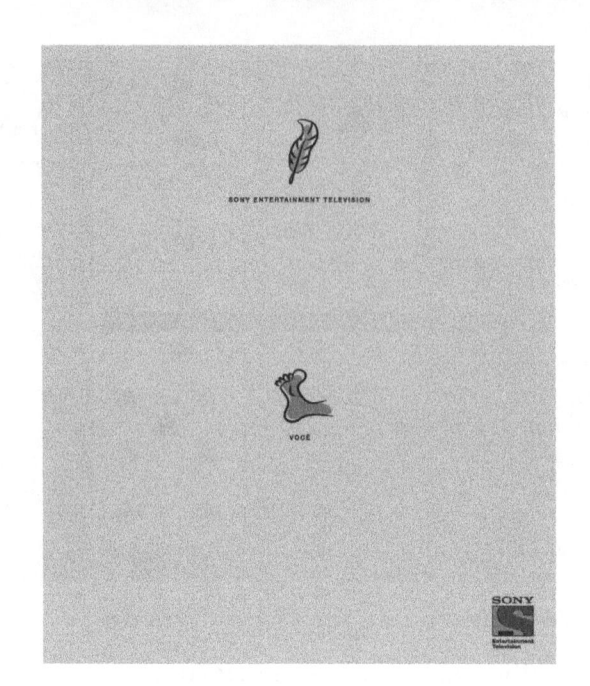

Agência:
McCann-Erickson
Diretor de arte:
Romolo Megda
Redator:
Lusa Silvestre

Repare que nesse anúncio temos uma dupla comparação.

Agência:
McCann-Erickson
Diretor de arte:
Romolo Megda
Redator:
Romolo Megda

Título: "Novo Nescafé com Leite Light."

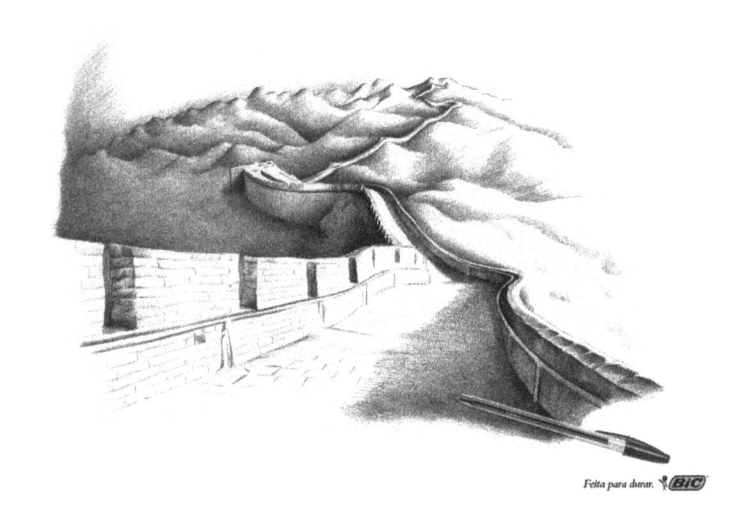

Feita para durar. *BIC*

Agência: TBWA\br
Diretor de arte:
Guilherme Rangel
Redator:
Marcelo Arbex

A grande muralha e a caneta Bic: ambas feitas para durar.

## Imitação

Seja um amigo seu imitando o outro, seja um humorista imitando alguém famoso, sempre nos divertimos; parece que o ser humano tem uma tendência natural a gostar de imitações.

Aqui eu chamo novamente a atenção para a linguagem. Diretores de arte vão fazer imitações por meio de colagens, fusões, manipulações e substituições. Redatores farão algo parecido usando expressões ambíguas e se aproveitando das coincidências verbais – ortográficas e sonoras – entre palavras e conceitos.

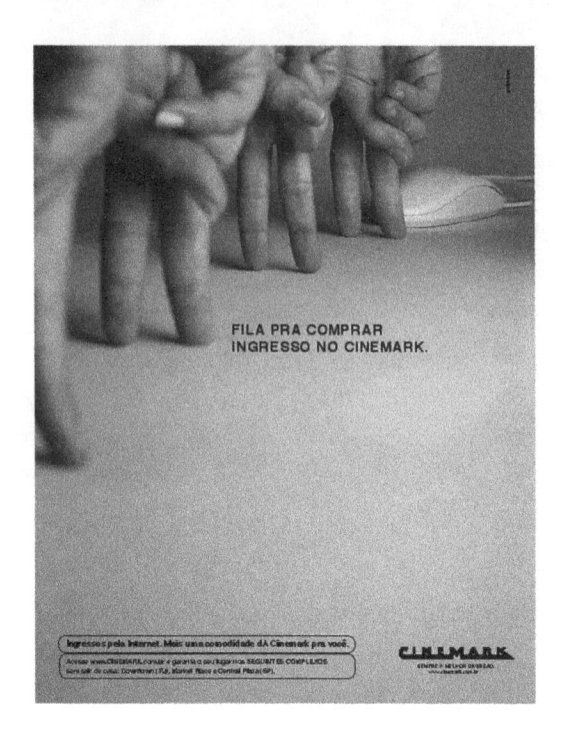

FILA PRA COMPRAR
INGRESSO NO CINEMARK.

Agência:
Grottera Comunicação
Diretor de arte:
Marcelo Vaccari
Redator:
Tulio Paiva

Chegou
o Cinemark
de Brasília.

Agência:
Grottera Comunicação
Diretor de arte:
Eric Sulzer
Redator:
Tulio Paiva

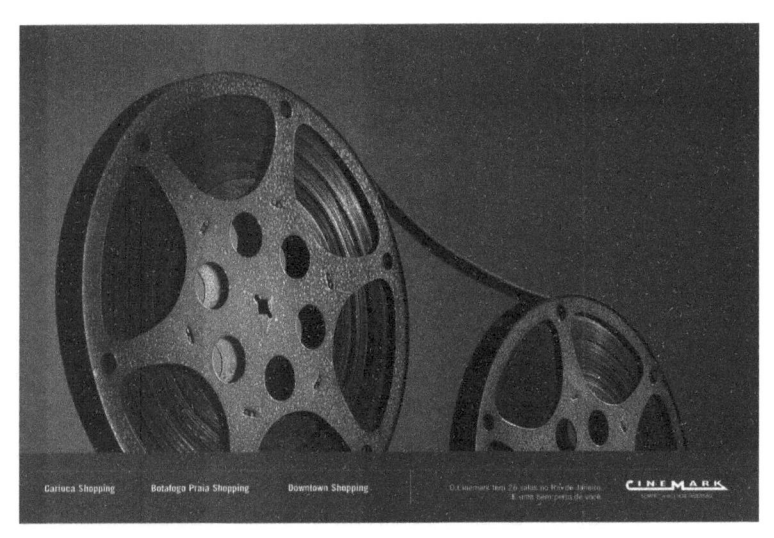

Agência: TBWA\br
Diretores de arte:
Guilherme Rangel
e Leandro Sanches
Redatora:
Flavia Figueiredo

Tanto neste anúncio, como no anterior, vemos alternativas de "cinema" imitando ícones de cidades brasileiras.

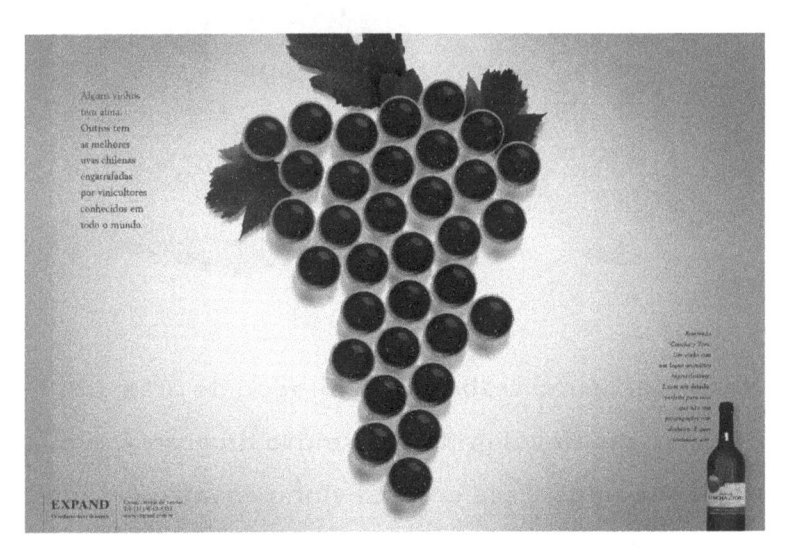

Agência: Grey Brasil
Diretor de arte:
Caio Grafietti
Redator:
Icaro Dória

As uvas, aqui, deram espaço para uma alternativa do termo "vinho".

131

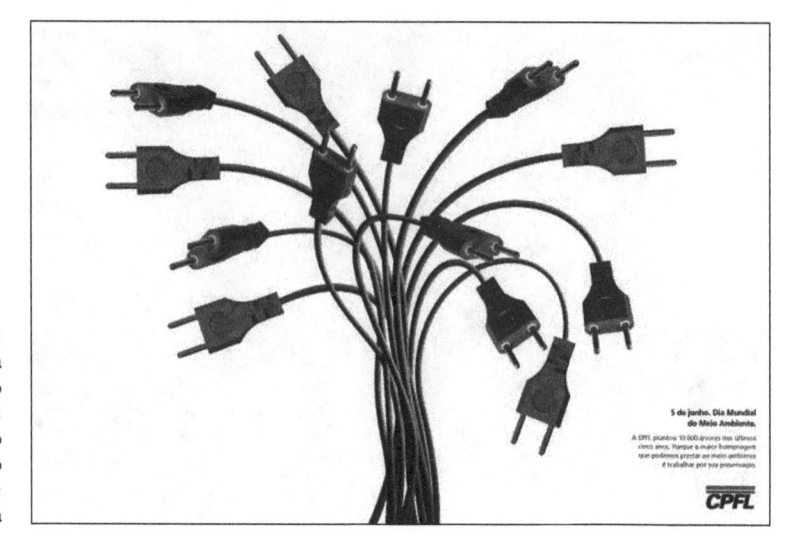

Agência:
Grottera
Comunicação
Diretor de arte:
Alessandro
Cassulino
Redator:
Tulio Paiva

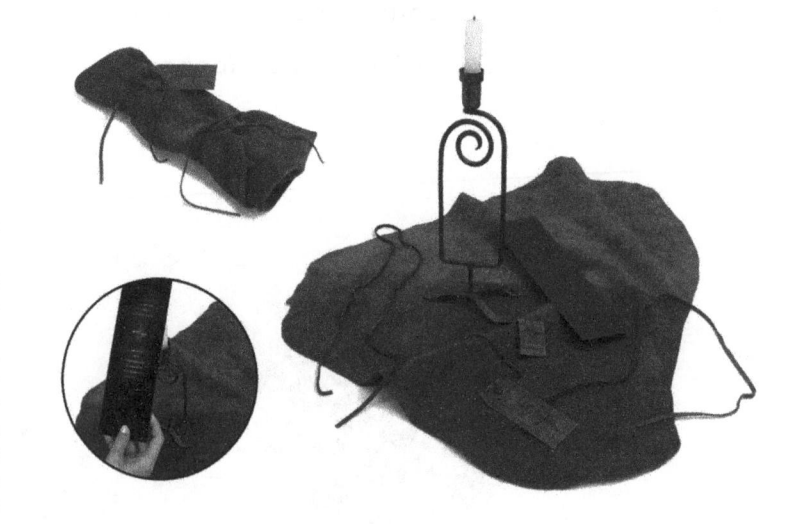

Agência:
Tequilla\br
Diretores de arte:
Achilles Milan e
José Luiz Mendieta Filho
Redatora:
Débora Tenca

Convite para o evento
Absolut Legends
da Vodka Absolut
realizado
em São Paulo

Neste belíssimo trabalho de direção de arte, um castiçal medieval imita o formato da garrafa da vodka Absolut. Esse convite vinha envolto em um manto de couro, acompanhado de um pedaço de papel negro. Ao se aproximar o pedaço de papel do castiçal montado e aceso, a mensagem do convite se revelava de uma maneira quase mágica, convidando o público para o evento Absolut Legends, que tinha como tema todo o mistério das lendas suecas.

## Quebrar as regras

É a arte de fazer as coisas de maneira diferente, mesmo que tenhamos de deixar a lógica de lado temporariamente. Para isso, basta distorcer as características do conceito, objeto ou produto em questão. Note que sempre existe a possibilidade de se quebrar qualquer regra, entretanto, para se quebrar uma regra, é preciso conhecê-la. Aqui, mais do que nunca, você precisa de sensibilidade e senso de oportunidade apurados.

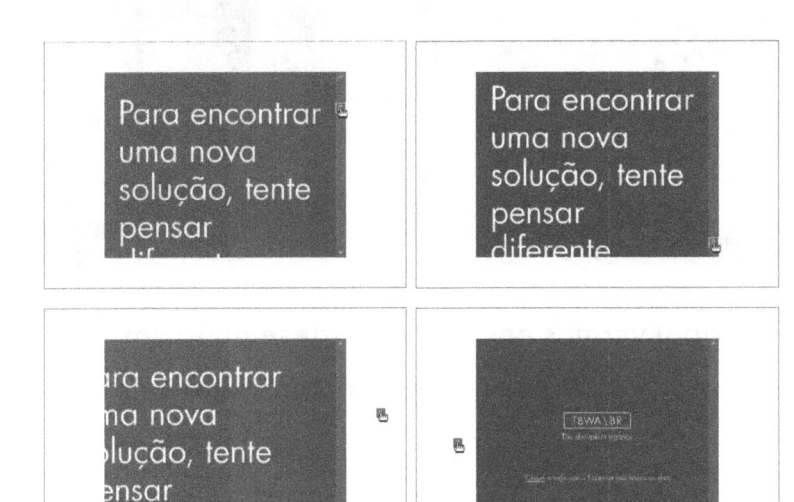

Agência: Tequila\br Diretor de arte: Domênico Massareto Redatora: Flavia Figueiredo

Uma maneira não usual de usar a barra de rolagem para explicar uma maneira não usual de se pensar.

Acessando o site da TBWA\Brasil o internauta se deparava com o *banner* da página anterior, mas mesmo ao tentar baixar a barra de rolagem ainda não era possível ler o restante da frase. Convidado pelo texto a pensar de uma maneira diferente o usuário tirava o controle de dentro da barra de rolagem e então era possível ler o restante da mensagem. Com isso ele acabava de experimentar a maneira como agência fazia para quebrar regras e convenções do mercado todos os dias.

Agência:
AlmapBBDO
Diretores de arte:
Guilherme Jahara,
Renato Fernandez,
Luiz Sanches Jr.,
Cesar Finamore
e Rodrigo Almeida

É normal vermos pessoas reais desejando um refrigerante. Aqui essa regra foi quebrada.

Nesta categoria de anúncios também podemos incluir aqueles que usam ou quebram as regras do meio em que são veiculados como parte da ideia.

Imagine um anúncio que não o deixe virar a página
da revista tão facilmente.

Agência: TBWA\br
Diretor de arte:
Leandro Sanches
Redator:
Marcelo Arbex

Nesse anúncio da pipoca doce do Cinemark,
uma cola especial foi aplicada sobre a foto das
pipocas, fazendo com que o leitor tivesse de
desgrudar as duas folhas para ler a mensagem.

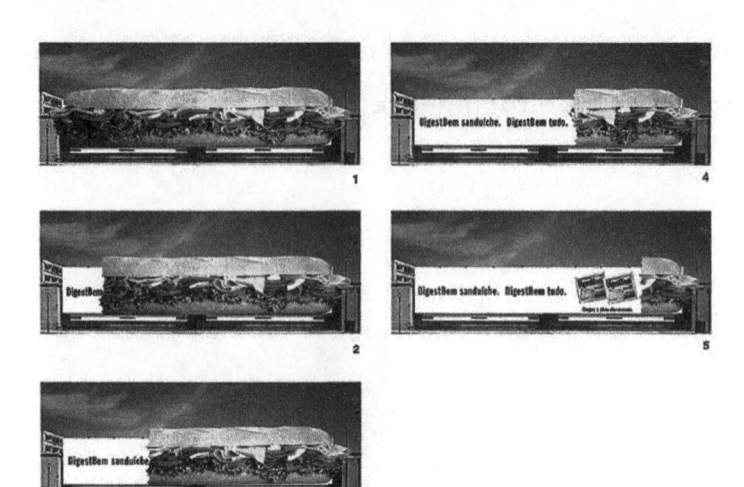

Agência:
Grottera
Comunicação
Diretor de arte:
Romolo Megda
Redator:
Tulio Paiva

A cada dois dias um pedaço desse sanduíche gigante era "devorado" revelando o produto anunciado e, claro, chamando bastante a atenção de quem passava por ele. Foi uma maneira de se quebrar a **"regra que diz"** que o Outdoor é uma peça estática que permanece inalterada por um período de tempo.

Notem tanto neste quanto nos exemplos anteriores a pertinência do recurso utilizado para se transmitir a ideia.

Aqui terminamos o nosso processo criativo. Agora é com você. Invente *jobs* para você mesmo. Crie anúncios para algum produto que você goste. Pratique a criatividade. Analise com calma todas as informações do seu projeto. Veja outros anúncios e tente imaginar qual foi o caminho que o criativo pode ter feito para ter encontrado a ideia. Se possível, melhore esses anúncios. E não se esqueça, criatividade é um processo que começa no nível individual. Cada pessoa cria de uma maneira diferente, inspirada (ou não) por coisas e motivos distintos. Invente o seu próprio processo. Quem sabe ele não vira um livro?

# Conclusão? Não, pausa

O cientista Martin H. Fischer (1897-1962) disse um dia "conclusão é quando você cansa ou desiste de pensar no assunto".

Nos apropriamos dessa citação para justificar que esse livro não tem conclusão, tem uma pausa.
Uma pausa para que possamos construir juntos
o próximo trabalho; uma pausa para você refletir
um pouco mais sobre o processo criativo,
e as implicações que o uso potencializado dessa
ferramenta exercem sobre sua vida e sua carreira.

Domênico Massareto
Humberto Massareto
novembro de 2004

# Referências Bibliográficas

ADAMS, James L. Ideias Criativas – Como Vencer Seus Bloqueios Mentais. Rio de Janeiro,Ediouro, 1994.

AITCHISON, Jim & FRENCH, Neil. Cutting Edge Advertising: How to Create the World's Best for Brands in the 21st Century. N.Y., Prentice Hall, 1999.

ALENCAR, Eunice Soriano de. Como Desenvolver o Potencial Criador. Petrópolis, Vozes, 1991.

ALLAN, Dave et alii. E se...? Como iniciar uma revolução criativa no trabalho. São Paulo, Best Seller.

ALLEN, Myron S. Ideias para Vencer. São Paulo, IBRASA, 1976.

AMSLER, Mark. Editor.The language of creativity. Newark(U.S.A.),University of Delaware Press, 1986.

AYAN, Jordan. AHA ! São Paulo, Negócio Editora, 2001.

BACH, George & GOLDBERG, Herb. Agressividade Criativa. Rio de Janeiro,Livraria José Olympio, 1978.

BELLINO, Ricardo. O Poder das Ideias – Como Transformar Ideias em Tacadas de Sucesso.Rio de Janeiro,Campus, 2003.

BENNIS,W. & BIEDERMAN, P.W. Os Gênios da Organização. Rio de Janeiro, Campus, ( s.d)

BERGIER, Jacques & LATIL, Pierre de. Passaporte para o Futuro. São Paulo, Hemus, (s.d.).

BEVERIDGE, W.I.B. Sementes da Descoberta Científica. São Paulo, Ed. Universidade, 1981.

BEYER, Gunther. Programa de Treinamento para Memória, Concentração e Criatividade. Rio de Janeiro, Ediouro, (s.d.).

BIRCH, Paul & CLEEG, Brian. Criatividade nos Negócios. São Paulo, Clio Editora, 1997.

BOAVENTURA, Edivaldo. Como Ordenar Ideias.São Paulo, Ática, 1995.

BODEN, Margaret A. Dimensões da Criatividade. Porto Alegre, ARTMED, 1999.

BONO, Edward de. O Pensamento Criativo. Petrópolis, Vozes, 1970.

___. Seis Chapéus. São Paulo, Vértice Ed. Revista dos Tribunais, 1989.

___. O Pensamento Lateral na Administração. São Paulo, Saraiva, 1993.

___. Criatividade Levada a Sério.São Paulo, Livraria Pioneira, 1994.

BOTELHO, Eduardo. A Empresa Inteligente:Criatividade Sinérgica. São Paulo, Atlas, (s.d.).

BRANDÃO, Carlos Rodrigues et alii. Criatividade e Novas Ideias. São Paulo, Editora Fundação Petrópolis, 1998.

BUTCHER, H.J. A Inteligência Humana. São Paulo, Perspectiva, 1972.

BUZAN, Tony. The Mind Map Book. Londres, Plume,1996.

CAMERON,Julia. Guia Prático para a Criatividade. São Paulo, Ediouro, 1996.

____.Criatividade – A Mina de Ouro. São Paulo, Ediouro, 1998.

CARNEIRO, Marcelo Motta. Criatividade ou Supremacia do Homem. Curitiba, Gráfica Vicentina, 1989.

CARR, Clay, O Poder Competitivo da Criatividade. São Paulo, Makron Books, 1997.

CHRISTENSEN, Clayton M. Dilema da Inovação. São Paulo, Makron Books, 2000.

CORBY, Larry & FOSTER, Jack. How to Get Ideas. N.Y., Berrett-Koehler Publishers, 1996.

CROSBY, Andrew. Criatividade e Desempenho. São Paulo, Atlas, 1972.

CUNHA, Rose Marie Maron da. Criatividade e Processos Cognitivos. Petrópolis, Vozes, 1977.

DUALIBI, Robert & SIMONSEN, Harry Jr. Criatividade: a Formulação de Estratégias de Marketing. São Paulo, Abril S.A & McGraw-Hill,1971.

EAYLY, C.Diane. Criatividade Feminina - Um Guia para Reconhecer e Usar o seu Potencial. Rio de Janeiro, Campus, (s.d.).

EDWARD, Betty. Desenhando com o Lado Direito do Cérebro.Rio de Janeiro, Ediouro, (s.d.)

EHRENZWEIG, Anton. A Ordem Oculta da Arte. Rio de Janeiro, Zahar, 1997.

ESTRADA, Mauro Rodrigues. Manual de Criatividade.São Paulo, (s.d.)

EVANS,R. & RUSSELL,P. O Empresário Criativo. São Paulo,Cultrix,1989.

FABIAN, John. Criative Thinking & Problem Solving. Chelsea, Lewis Publichers, 1990.

FANGE, Eugene Von. Criatividade Profissional. São Paulo, IBRASA, 1973.

FERNANDES, Maury Cardoso. Criatividade um Guia Prático; Preparando-se Para as Profissões do Futuro. São Paulo, Futura, 1998.

FOSTER, Jack. Como Ter Novas Ideias. São Paulo, Futura, 1997.

GALVÃO, Marcelo. Criativamente. Rio de Janeiro, Qualitymark, 1992.

GARDNER, Howard. Mentes que Criam. Porto Alegre, Artes Médicas ,1993.

_____. Estruturas da Mente. Porto Alegre, Artes Médicas,1994.

_____. A Nova Ciência da Mente.São Paulo, Edusp, 1996.

_____. As Artes e o Desenvolvimento Humano. Porto Alegre, Artes Médicas, 1997.

GAVAIN, Shakti. Visualização Criativa. São Paulo, Pensamento, (s.d).

GOLEMAN, Daniel et alii. Espírito Criativo. São Paulo, Cultrix, 1998.

GUILLON, Antonio Bias Bueno & MIRSHAWKA, Victor. Reeducação, Qualidade, Produtividade e Criatividade: Caminho para Escola Excelente do Século XXI. São Paulo, Makron Books, 1994.

GUTIERREZ, Gustavo Luis. Gestão Comunicativa: Maximizando Criatividade e Racionalidade.Rio de Janeiro, Qualitymark Editora, l999.

HAMEL,G.& PRAHALAD,C.K. Competindo pelo Futuro. Rio de Janeiro, Campus, 1995.

HARMANN,Willis & HORMANN,John. O Trabalho Criativo. São Paulo, Cultrix,1997.

HESKETH, José Luiz. Criatividade para Administradores. Petrópolis, Vozes, 1980.

HORGAN, John. Undiscovered Mind. N.Y., Touchstone Book, 1999

KAISER, Bruno. Dez Mil Anos de Descobertas. São Paulo, Melhoramentos,(s.d).

KAO, John. Jamming A Arte e a Disciplina da Criatividade na Empresa. Rio de Janeiro, Campus, 1997.

KAY, Ronald. Managing Creativity in Science and Hi-tech. Berlin/New York, Springer Verlag, 1990.

KEEFE, William S. Escute Criativamente para Administrar Melhor. São Paulo, McGraw-Hill & Abril Cultural, 1974.

KELLEY,Tomas& LITTMAN,Jonathan. A Arte da Inovação. São Paulo, Futura, (s.d.).

KNELLER, George. Arte e Ciência da Criatividade.São Paulo, IBRASA, 1978.

KOESTLER, Arthur. The Act of Creation. Arkansas, Penguin, 1989

KOZICKI, Stephen. Negociação Criativa. São Paulo, Futura,1999.

LAW, Andy. Empresa Criativa. São Paulo, Negócio, 2001.

LOIS,George & PITTS, Bill.Qual é a Grande Ideia? Rio de Janeiro, Civilização Brasileira, 1997.

MARIN, A.J. Educação, Arte e Criatividade, São Paulo, IBRASA, 1974.

MARTŒNEZ, Albertina Mitjans. Criatividade, Personalidade e Educação. Campinas, Papirus, 1997.

MASI, Domenico de. Criatividade e Grupos Criativos. Rio de Janeiro,Sextante, 2003.

MASON, Joseph G. O Dirigente Criativo. São Paulo, IBRASA, 1974.

MAY, Rollo. A Coragem de Criar. R. de Janeiro, Nova Fronteira, 1982.

MCALHONE, Beryl. A Smile in the Mind. N.Y., Phaidon Press, 1998.

MICHALKO, Michael. Thinkertoys: Manual de Criatividade em Negócios. São Paulo, Editora Associados, 1999.

MIRSHAWKA, Victor & MIRSHAWKA JR, Victor. Qualidade da Criatividade. São Paulo, 1993.

MORGAN, John S. Aumente a sua Criatividade Profissional.São Paulo, Ed. McGraw-Hill & Abril Cultural, 1974.

MUELLER, Robert. O Poder da Criação. R. de Janeiro, Lidador, 1965.

NACHMANOVITCH, Stephen. Ser criativo. São Paulo, Summus Ed.,1993.

NEGROPONTE, Nicholas. Vida Digital. São Paulo, Cia. de Letras, 1993.

NOVAES, Maria Helena. Psicologia da Criatividade. Petrópolis, Vozes, 1977.

OECH, Roger von. Um "Toc" na Cuca. São Paulo, Cultura, 1988.

\_\_\_. Um Chute na Rotina. São Paulo, Cultura,1994.

OSBORN, Alex F. O Poder Criador da Mente. São Paulo, IBRASA, 1972.

OSTROWER, Fayga. Criatividade e Processos de Criação. Petrópolis, Vozes, 1978.

\_\_\_. Acasos e Criação Artística. Rio de Janeiro, Campos, 1990.

PARADIS, Adrian A. A Arte de Resolver Problemas. Rio de Janeiro, Ed.Record, (s.d.).

PENROSE,Roger. A Mente Nova do Rei. Rio de Janeiro, Campus, 1993.

PETERS, Tom. A Busca do Uau. São Paulo, Harbra.(s.d)

POLYA, G. A Arte de Resolver Problemas. São Paulo, Interciência, 1975.

PREDEBON,José.Criatividade, Abrindo o Lado Inovador da Mente. São Paulo, Atlas, 1997.

\_\_\_,Criatividade Hoje. São Paulo, Atlas, 1999.

PRINCE, George M. A. A Prática da Criatividade. São Paulo, Cultrix, 1975.

RAUDSEPP, Eugene. A Arte de Apresentar Ideias Novas. Rio de Janeiro, FGV,1986.

RAY, Michael & MYERS, Rochelle. Criatividade nos Negócios. Rio de Janeiro, Ed. Record, 1996.

ROBBINS, Lois. O Despertar na Era da Criatividade.São Paulo, Gente, 1995.

SCHUMAN, Sandra G. A Fonte da Imaginação. São Paulo, Siciliano, 1994.

SCHWARTZ, Joseph. O Momento Criativo. São Paulo, Best Seller, 1992.

SERRA, Floriano. E Por Que Não? São Paulo, Gente, 1992.

SILVA, Antônio Carlos Teixeira da. O Ataque às Ideias. São Paulo, Madras Business 1997.

SOUZA, César. Talentos e Competitividade. Rio de Janeiro, Qualitymark, 1999.

SPRINGER, Sally P. & DEUTSCH, Georg. Cérebro Esquerdo, Cérebro Direito. São Paulo, Summus, 1998.

STOLTZ, Tânia. Capacidade de Criação. Petrópolis, Vozes, 1999.

SULLIVAN, Luke. Hey, Whipple, Squeeze This: A Guide to Creating Great Ads. N.Y., Wiley, 2003.

TAFFINDER, Paul. Big Change. London, Wiley & Sons, 1998.

TAYLOR, Calvin W. Criatividade: Progresso e Potencial. São Paulo, IBRASA, 1976.

TEIXEIRA, Elson A. Aprendizagem & Criatividade Emocional.São Paulo, MAKRON Books do Brasil,1998.

TEIXEIRA, João Fernandes. Mentes e Máquinas - Uma Introdução à Ciência Cognitiva. Porto Alegre, Artes Médicas, 1998.

THOMPSON, Charles "Chic". Grande Ideia. São Paulo, Saraiva, 1993.

TORRANCE, E.Paul. Criatividade, Medidas, Testes e Avaliações. São Paulo, IBRASA, 1976.

TULKU, T. O Caminho da Habilidade. São Paulo, Cultrix, 1994.

VIDAL, FLORENCE. Problem-Solving, Metodologia Geral da Criatividade. São Paulo, Ed. Bestseller, 1973.

WALTER, W.Grey. A Mecânica do Cérebro. Rio de Janeiro, Zahar, 1962.

WEISS, Donald H. Como Resolver Problemas de Forma Criativa. São Paulo, Livraria Nobel, 1990.

WHEELER, Jim. Como ter Ideias Inovadoras. São Paulo, Market Books, 1999.

ZINGALES, Mario. A Organização da Criatividade. São Paulo, EPU –EDUSP, 1978.

**DVS Editora Ltda**
www.dvseditora.com.br